Rainer Dollase

Gewalt in der Schule

Verlag W. Kohlhammer

Alle Rechte vorbehalten
© 2010 W. Kohlhammer GmbH Stuttgart
Umschlagmotiv: © Anja Greiner-Adam – Fotolia.com
Gesamtherstellung:
W. Kohlhammer Druckerei GmbH + Co. KG, Stuttgart

ISBN 978-3-17-021296-1

Inhalt

Einleitung 7

1 Aggression und Gewalt in der Schule – Begriffe, Auslöser, Verbreitung 11

1.1 Aggression und Gewalt anders definieren – Folgen für Praxis und Forschung 11
1.2 Der evolutionäre Sinn aggressiver Erregungen und schädigender Verhaltensweisen 20
1.3 Auslöser aggressiver Erregung und schädigenden Verhaltens – Das schulische Kollektiv und die heimlichen Täter 24
1.3.1 Die Schulklasse als Auslöser von aggressiver Erregung und Schädigung 24
1.3.2 Prinzipien als unverdächtige Auslöser 27
1.3.3 Lehrer-, Schüler-, Eltern- und Schulgewalt 32
1.3.4 Erlaubte und unerlaubte Schädigungen der Mitschüler im Wettbewerb 37
1.4 Wie gewalttätig ist der heutige Schüler? Und die Lehrer? Und die Medien? Und die Gesellschaft? 46

2 Die Analyse von Aggression und Gewalt 51

2.1 Bedienungsanleitung für wissenschaftliche Aussagen 51
2.2 Schädigungen und aggressive Erregungen im Kontext der Weltaneignung – Axiome der Erklärung 59

Inhalt

2.3	„Alles Hängt Mit Allem Zusammen" (AHMAZ) – Das multifaktorielle Modell als Leitlinie für Analyse und praktische Maßnahmen zur Gewaltprävention und Intervention	64
2.3.1	Variablenübersichten: Risikofaktoren kindlicher und jugendlicher Aggressivität	65
2.3.2	Bewertung der Variablenübersichten unter praktischen und politischen Gesichtspunkten	71
2.4	Ursachen von Aggression und Gewalt – Theorien und Modelle	74

3 Die stilistische Überwindung von aggressiven Erregungen und schädigendem Verhalten in der Schule — 81

3.1	Das 3-Schritte-Modell und die Balance zwischen den Ansatzpunkten für Prävention	82
3.2	Die Entwicklung von Gewaltprävention und -intervention zu einer Stilistik	85
3.3	Was gehört alles zu einer neuen Stilistik?	90
3.3.1	Kognitive Stilistik – die Realität friedlich deuten	91
3.3.2	Emotionale Stilistik – Schädigungen ertragen lernen	94
3.3.3	Aktionale Stilistik – Angriffe zivilisieren	99
3.3.4	Konstruktive Stilistik – Ressourcen im Unterricht aktivieren	104
3.5	Programme und Stilistik – Pluspunkte und Grenzen	108

4 Ein Schlusswort – bildungspolitische und pädagogische Strategien — 116

Literatur — 120

Einleitung

„Nichts geschieht. Gewalt auf dem Schulhof, Gewalt schon gegen Grundschüler in staatlichen Schulzentren – und nichts geschieht. Gewalt auf dem Weg nach Hause, Gewalt gegen Kinder in öffentlichen Verkehrsmitteln, auf verwahrlosten Bahnhöfen – nichts geschieht. […] Gewalt gegen Kinder, gegen Schüler, gegen Passanten, gegen Rentner, als seien sie Vogelfreie – was geschieht eigentlich dagegen?"
Mit diesen Worten machte sich ein ungenannter Journalist (Abkürzung kum.) in der FAZ vor einiger Zeit Luft (14. September 2009, FAZ, S. 10). Er artikulierte ein Unbehagen, das immer dann entsteht, wenn über ein Phänomen viel und anklagend geschrieben wird, aber keine wirksamen Methoden zur Verfügung stehen, dieses Phänomen zu mildern oder zu beseitigen. Dann wird viel geredet (runde Tische) und hektische Betriebsamkeit entfaltet – aber wenn das Reden, die Programme, die Vereinbarungen, die Standards keine durchschlagende Wirkung haben – wie vieles, was sich Menschen so ausdenken – dann folgt ein großes Lamento. Und manchen dämmert: Nach dem Prinzip „Klingt gut – ist gut" wird oft nur heiße Luft produziert.

Eigentlich kann jeder Schüler, jeder Lehrer die Fragen, die sich im Zusammenhang mit Gewalt und Aggressivität in der Schule stellen, selber beantworten. „Die meisten Kinder haben viel theoretisches Wissen über die Vielseitigkeit aggressiven Verhaltens" (Schäfer, 2008, 517). Jeder Mensch hat Erfahrung mit Aggressivität und Gewalt. Wozu braucht er Wissenschaft? Vielleicht zur Abwehr der Aggressionen anderer – denn die eigene stört ihn ja nicht.

Ein Blick in die Fachdatenbanken (ERIC, OVID, PsycBOOKS, PsycINFO, PSYNDEX, SOLIS, Sociological Abstracts, Social Services Abstracts, MEDLINE u. a.) zeigt, dass es circa 30 000 wissenschaftliche Publikationen allein zum Thema Gewalt und Aggressivität (violence, aggression, ohne anger, stress, strain, frustration etc.) gibt – nimmt man eine gewisse Redundanz der Erwähnung in den verschiedenen Datenbanken in Kalkulation. Das sind zumeist empirische Studien, Experimente und theoretischen Überlegungen zur Entstehung und Überwindung von Aggressivität und Gewalt.

Einleitung

Kein Mensch kann diese Vielzahl von Studien gelesen haben und einen kritischen Überblick über eine so große Anzahl von Berichten haben. Niemand sollte also keck als finaler Experte oder Expertin auftreten. Es bedarf gesellschaftlicher und gemeinschaftlicher Anstrengungen, um der Fülle der Informationen Herr zu werden.

Zu den genannten 30 000 Veröffentlichungen kommen außerdem noch viele soziologische und sozialpsychologische Studien über menschliches Verhalten allgemein, die bei der Analyse von Aggressivität und Gewalt berücksichtigt werden müssten. Allein zum Thema Erziehung weisen die genannten Fachdatenbanken über 1 Million empirischer Untersuchungen aus, zum Unterricht gibt es rund 1,5 Millionen wissenschaftlicher Publikationen. Kein Wunder – über die Themen wird praktisch und wissenschaftlich nicht nur im Sprengel der Kultusministerkonferenz nachgedacht, sondern weltweit. Von Australien bis Island, von Feuerland bis Finnland.

Nahezu überall in der Welt geht man zur Bewältigung dieser Informationsfülle einen kooperativen Weg der systematischen Zusammenfassung. Es werden Institute gegründet, in denen man versucht, die Informationsmenge zu einem handlichen Corpus von evidenzbasierten Regeln zu kondensieren (z. B. Campbell Collaboration). Solche Institute nicht rechtzeitig gegründet zu haben, ist ein sträfliches Versagen der deutschen Wissensorganisation in den Human-, Erziehungs- und Sozialwissenschaften.

Am Ende solcher Zusammenfassungsprozesse darf nicht eine Enzyklopädie mit 5000 Seiten stehen, sondern das evidenzbasierte Wissen für die Veränderung der Praxis muss in handliche Heuristiken zusammengefasst werden. Eine Heuristik ist eine Regel, die eine Ableitung für konkrete Maßnahmen in den tausendfach verschiedenen Praxissituationen erlaubt. Ein berühmtes Beispiel für eine Heuristik, in Anlehnung an den kategorischen Imperativ, lautet „Was du nicht willst, dass man dir tu', das füg' auch keinem andern zu."

Wenn man hierzulande auf die kaum überschaubarer Menge wissenschaftlicher Informationen über pädagogisch-psychologisch relevante Tatbestände hinweist, so bemüht man sich meist um deren Bagatellisierung. Eine der häufigsten lautet: „Vieles ist redundant, das meiste ist irrelevant" und „wenn man 10 Veröffentlichungen gelesen hat, dann weiß man auch über die anderen Bescheid". Eine weitere Bagatellisierung besagt, dass das Wesentliche ohnehin bekannt sei, man habe schließlich Experten, die auf Konferenzen und in der Diskussion mit Fachkolleginnen und Fachkollegen die entscheidenden Fortschritte in der Forschung mitbekommen würden. Diese Bagatellisierungen haben einen illusionären Charakter, insofern sie annehmen, dass es tatsächlich Experten geben könnte. Dies kann nicht stimmen, da ein Blick in die Publikationen zeigt, dass von der Gesamtzahl der Veröffentlichungen nur ein verschwindend kleiner Prozentsatz zitiert wird. Die entscheidende Schlussfolgerung aus der Fülle des Wissens über Aggression und Gewalt kann eigentlich nur Bescheidenheit sein und der Einsatz dafür, dass mehr Meta-Analysen (Zusammenfassungen von vielen Publikationen) durchgeführt werden bzw. Institute zur Ermittlung des evidenzbasierten Wissens gegründet werden (vgl. Enquete „Chancen für Kinder" des Landtags NRW 2008, Sondervotum).

Besonders prekär ist das Argument „Studien von vor 10 Jahren sind veraltet" – womit man sich einen Großteil der Lektüre älterer Studien ersparen möchte. Das stimmt so lange nicht, bis es empirisch bewiesen wurde. Ernsthafte Zeitwandelstudien gibt es nur wenige, die wenigen aber zeigen eine erhebliche Konstanz der Phänomene (Fuchs u. a. 2008). Grundlegende Überlegungen zur Erklärung von Aggression und Gewalt sind seit Jahrtausenden gültig und finden sich vielfach in literarischen Werken. Ein Vergleich zur hier behaupteten Langzeit-Gültigkeit von Forschungen: Ärzte werden – wie in der Antike – auch in 1000 Jahren noch Ahnung von Anatomie haben müssen – und viele Erkenntnisse der Aggressionspsychologie werden sich, solange Menschen nicht grundlegend anderes, mutiertes Erbgut produzieren, dauerhaft Bestand haben. Humanwissenschaftliche Erkenntnisse veralten nicht im selben Tempo wie Bedienungsanleitungen für Computerprogramme.

Die vorliegende Publikation kann sich wegen der Fülle von Forschungen und ihrer noch nicht geleisteten Zusammenfassung nur als ein Beitrag zu einer laufenden Diskussion verstehen. Sie ergänzt andere Publikationen zum Thema. Um sich von anderen Publikationen zum Thema „Gewalt in der Schule" zu unterscheiden, werden die folgenden Prinzipien zu realisieren sein: 1. Zitate aus eigenen empirischen Untersuchungen (Studien mit ca. 6500 Bundesbürgern; 7800 Schüler SI in NRW; Zeitwandelstudien), 2. Kritik an der empirischen Gewaltforschung, weil ihre Ergebnisse selten praktisch relevant sind, 3. Berücksichtigung alltagspsychologischer Kenntnisse, weil sie oft mehr an Erfolg im Alltag bringen als wissenschaftliche Analysen, 4. Kritik an Anti- Gewaltprogrammen, weil sie das grundlegende Problem nicht lösen, 5. Berücksichtigung der multifaktoriellen Verantwortung („alle sind schuld"), 6. Orientierung an der These, dass jede Form des gesellschaftlichen Zusammenlebens aggressive Emotionen und Schädigungen erzeugt, folglich die zivilisierte Beherrschung beider die eigentliche pädagogische Aufgabe ist.

Bei allen Versuchen, das Aggressions- und Gewaltgeschehen in den Schulen zu verhindern bzw. einzudämmen, darf aber eine unumstößliche Gewissheit nicht vergessen werden: eine vollständige Verhinderung von Aggression und Gewalt ist unmöglich. Meist werden die entsprechenden Passagen in Büchern übersehen. Hurrelmann & Bründel (2007, 7) schreiben dazu: „Es hat noch nie eine gewaltfreie Schule gegeben und sie wird wahrscheinlich auch nie existieren. Aggressionen gehören zur menschlichen Grundausstattung und suchen sich ihre Bahnen." Man kann Aggressionen verringern und mildern – aber nicht vollständig verhindern. Nicht weil sie „raus wollen", sondern weil menschliche Gesellschaft ohne aggressive Erregungen und gegenseitige Schädigungen nicht funktionieren kann.

Die vorliegende Publikation soll also bestehende Publikationen ergänzen, von umfangreichen Literaturnachweisen wurde abgesehen. Der Band sollte bewusst keine Zitierfundgrube werden. Über einen Internetsuchdienst findet man ohnehin in Sekundenschnelle alle Bücher zum Thema.

1

Aggression und Gewalt in der Schule – Begriffe, Auslöser, Verbreitung

1.1 Aggression und Gewalt anders definieren – Folgen für Praxis und Forschung

Obwohl jeder Mensch die Begriffe Aggressionen und Gewalt kennt und verwendet, erwartet man von jeder wissenschaftlichen Behandlung des Themas eine Definition oder eine Klassifikation entsprechender aggressiver und gewalttätiger Handlungen. Mit einer Definition entscheidet man sich für eine Eingrenzung des Begriffes, d. h., Definitionen sind immer auch verbunden mit der Ausschließung von Emotionen und Verhaltensweisen, die keine Aggressionen sein sollen und sie unterscheiden sich deshalb oft vom Alltagssprachgebrauch. Bei einer Klassifikation werden die entsprechenden aggressiven Emotionen und Verhaltensweisen in verschiedene Schubladen, die zumeist hierarchisch angeordnet sind, eingeteilt. Auch das Klassifizieren basiert auf lauter Ein- und Ausgrenzungen.

Diese so selbstverständlichen und ubiquitären Tätigkeiten des Definierens und Klassifizierens führen in der Praxis zu weitreichenden Folgen und Problemen. Durch die Verwendung enger Definitionen und Klassifikationen werden unter Umständen Phänomene aus der Analyse der Aggression herausgehalten, die für ihr grundlegendes Verständnis wichtig wären. Wer sich in seiner Definition nur auf spektakuläre und eindeutige Fälle der Aggression und Gewalt beschränkt, kann unter Umständen nicht zu einem gründlichen Verständnis des Aggressions- und Gewaltgeschehens an unseren Schulen kommen. Denn unspektakuläre und harmlose Fälle können erhellende Einblicke in das Gewaltgeschehen geben: Man lernt über Gewalt in der Schule nicht nur aus der Analyse von Amokläufen (und angedrohten Amokläufen, dem sog. leaking), sondern auch aus dem Wutausbruch nach einem verlorenen „Mensch-ärgere-Dich-nicht"-Spiel.

Ein Beispiel dazu: Die in vielen verschiedenen Publikationen übereinstimmend verwendeten Definitionsbestandteile des aggressiven Verhaltens sind die drei folgenden (z. B. Nolting, 2005): Aggressives und gewalttätiges Verhalten ist: *intentional, schädigend* und *von der Norm abweichend*. Diese Bestandteile implizieren, dass ein gewisses Maß aggressiver Verhaltensweisen von der Gesellschaft akzeptiert wird, solange es nämlich nicht normabweichend ist. Erst dann, wenn es normabweichend ist, wird es in irgendeiner Form sanktioniert und auch wissenschaftlich untersucht. Kabarettistische Aggressionen bei der Abi-Feier gelten nicht als Aggression – sie sind erlaubt. Diese Bestandteile implizieren weiterhin, dass *nicht-intentionale Schädigungen,* also unbeabsichtigte, nicht mehr zum Themenbereich Aggression und Gewalt gehören, obwohl sie aggressive Emotionen zur Folge haben können. Es könnte aber analytisch sinnvoll sein, wenn man z. B. die Notengebung der Schule als ein potentiell „schädigendes Verhalten" auffasst. Der Schüler wird durch eine schlechte Note in seiner Berufsbiografie unter Umständen nachhaltiger geschädigt als durch eine Prügelei mit einem Klassenkameraden. Kein Lehrer, der eine schlechte Note verteilt, tut dieses intentional, um den Schüler zu schädigen, sondern er hält sich an die Regeln der gerechten Beurteilung unterschiedlicher Leistungen. Um den Frust und Hass unserer Schüler und Schülerinnen aber zu verstehen, ist es notwendig zu wissen, dass sie auch über gerecht vergebene schlechte Noten in eine aggressive Erregung geraten können. Auch würde man beim Fußballspielen das erfolgreiche „Eingrätschen" (sog. „Blutgrätsche") nicht als Aggression werten – dennoch wird der Spieler, dem man seinen Ball weggenommen hat, in eine aggressive Emotion geraten. Fazit: Auch regelgerechte, durch den Wettbewerb in seiner Erlaubtheit geklärte aggressive Verhaltensweisen könnten in einer weiten Definition mit analytischem Gewinn als Aggression und Gewalt definiert werden.

Hier wird also ein anderer Weg beschritten: es soll nur von *„aggressiven Erregungen"* (eine negative interpersonelle Emotion) und von *„schädigendem Verhalten"* (den umgangssprachlichen „aggressiven Handlungen"; negative interpersonelle Verhaltensweisen) geschrieben werden. Eine aggressive Erregung führt nicht immer zum schädigenden Verhalten – jeder weiß, dass man sich auch beherrschen kann. Und es gibt auch ein schädigendes Verhalten ohne aggressive Erregung – die Notengebung kann so ein Beispiel sein.

Eine „aggressive Erregung" kann vieles sein: der Schüler wirft zu Hause sein Matheheft auf den Boden und brüllt – „so ein Mist", weil er die Aufgabenstellung nicht lösen kann, er ärgert sich über die Sechs in der Latein Arbeit, er möchte seine Mitschülerin Judith am liebsten würgen, weil sie mit ihm Schluss gemacht hat. Eine aggressive Emotion ist z. B. Wut, Ärger, Zorn, Neid, Empörung über andere. Auch das „schädigende Verhalten" lässt sich kaum erschöpfend darstellen, so vielfältig kann es sein: vom Kinnhaken bis zum Schimpfwort, von der öffentlichen Kritik durch Lehrer wegen fehlerhafter Leistungen bis hin zum Übersehen von Meldungen bestimmter Schüler im Unterricht, das diesen ärgert und seine mündliche Note senken kann. Und ähnliche „unangenehme" und aggressive Äußerungen von Eltern und natürlich Schülern.

Worüber sich Menschen aggressiv erregen und welches Verhalten als schädigend empfunden wird, weiß man hier und heute nicht endgültig. Es ist oft irrational, „verrückt", unlogisch, vorurteilsbeladen – wenngleich es immer eindeutige Fälle gibt. Da regt sich ein Schüler über den Musikgeschmack seines Mitschülers auf („Wie kann man nur so doof sein und für Tokyo Hotel schwärmen") oder Eltern wollen an einem Gymnasium mit ihren Söhnen und Töchtern erreichen, dass im Unterricht Antworten der Schüler nicht mehr mit „richtig" oder „falsch" bewertet werden, weil das als Schädigung erlebt wird – andererseits gibt es die klassischen aggressiven Erregungen und Schädigungen wie Beleidigungen, Körperverletzungen etc. An dem sprachlichen Sortierspiel „Definition" bzw. „Klassifikation" haben sich die Lehrbuchautoren z. T. ausführlich, z. T. gar nicht beteiligt. In vielen Fällen werden nur Details der Definition modifiziert (Hogg & Vaughan, 2008). Z. B.: gelegentlich wird nur der Erfolg eines aggressiven Verhaltens als Aggression definiert. In anderen Definitionen wird die Intentionalität der Verletzung von species derselben Art festgelegt – also nicht die Aggression gegen Sachen und Tiere. In anderen wird gefordert, dass das Opfer das schädigende Verhalten auch als schädigendes Verhalten auffasst – das „Opfer" könnte ja z. B. eine Beleidigung gar nicht als solche wahrnehmen. Ein kleiner Junge, italienischstämmig, wird von seinen Freunden mit „Spaghetti" angeredet – der findet das gut, weil Spaghetti „gut schmeckt". In nahezu allen Definitionen aber bleibt die Kombination der *Intentionalität* mit der *Schädigung* erhalten – was ja hier aufgelöst wurde.

Hin und wieder hat man den Eindruck, dass Definitionen auch zur Profilierung von Autoren und Gebieten dienen, ihrer Vermarktung also. Da wird dann munter das „bullying" oder „mobbing" oder gar „cybermobbing" definiert, so als ob es sich dabei um neuartige und von den jeweiligen Autoren entdeckte Phänomene handeln würde, ohne die langjährigen Forschungen zur „peer rejection" oder zum „Außenseiter" zu zitieren, geschweige denn zur Kenntnis zu nehmen (Asher und Coie, 1983; Prose, 1974).

Der Höhepunkt (scheinbar) enger Definitionen aggressiven Geschehens ist in Definitionen zu finden, in denen menschliches Verhalten extrem normabweichend ist, so dass sich eine Pathologisierung bzw. Klinifizierung des Verhaltens lohnt. Dann wird der Kontext Aggression sprachlich verlassen und es wird von „Störungen des Sozialverhaltens" gesprochen. So geschieht es auch in der ICD 10 (der „International Statistical Classification of Diseases and Related Health Problems") der WHO. Noch enger wird im Vorläufer des ICD 10, dem amerikanischen DSM IV („Diagnostic and Statistical Manual of Mental Disorders" der „American Psychiatric Association") ähnlich präzise definiert und operationalisiert. Die Störung des Sozialverhaltens wird zugebilligt, wenn aus einer Liste von Symptomen in den letzten zwölf Monaten drei Kri-

terien erfüllt sind, oder in den letzten sechs Monaten eines (vgl. Grünke und Castello, 2008). Die Liste lautet:
- Bedroht, schikaniert oder schüchtert andere ein.
- Beginnt häufig körperliche Auseinandersetzungen (nicht mit Geschwistern).
- Hat Waffen benutzt, die anderen schweren körperlichen Schaden zufügen können.
- Ist körperlich grausam zu Menschen.
- Quält Tiere.
- Stiehlt in Konfrontation mit dem Opfer.
- Zwingt andere zu sexuellen Aktivitäten.
- Begeht vorsätzlich Brandstiftung mit der Absicht, schweren Schaden anzurichten.
- Zerstört vorsätzlich fremdes Eigentum (außer Brandstiftung).
- Bricht in fremde Wohnungen, Gebäude oder Autos ein.
- Lügt oft, um sich Güter/Vorteile zu verschaffen oder um Verpflichtungen zu entgehen.
- Stiehlt Wertgegenstände ohne Konfrontation mit dem Opfer.
- Bleibt trotz elterlicher Verbote häufig nachts weg (Beginn vor 13. Lebensjahr)
- Ist von Eltern/Ersatzperson mindestens zweimal über Nacht oder einmal länger als eine Nacht weggelaufen.
- Schwänzt häufig die Schule (Beginn vor 13. Lebensjahr).

Die Konkretisierung zeigt, dass die Definitionen von ICD 10 und DSM IV nur scheinbar eng sind. Die Beschränkung auf extrem normabweichendes Verhalten hat zugleich ein breiteres Verhaltensspektrum – Gewalt gegen Tiere, Lügen und Stehlen, Verstoß gegen Regeln – in den Blick bekommen: *schädigendes* (Sozial)Verhalten eben.

Unter den wenigen Autoren, die sich mit Definitionen und ihrer Problematisierung ausführlicher beschäftigen, sind Nolting (2005) und Hogg & Vaughan (2008) zu nennen. Nolting – dessen Erstauflage „Lernfall Aggression" schon 1978 erschien – analysiert unterschiedliche Aggressionstypen (als Typen von Verhaltensweisen, nicht von Personen): die Vergeltungsaggression, die Abwehraggression, die Erlangungsaggression (instrumentelle Aggression) und die Lustaggression. Allen gemeinsam ist die Schädigung (Tafel 13, S. 132). Die vorauslaufenden

Emotionen sind unterschiedlich: Ärger, Angst, Vorteilsstreben und Lust. Aggressive Verhaltensweisen haben auch einen Nutzen: Von der Genugtuung bei der Vergeltung, zur Erleichterung bei Abwehraggressionen zur Befriedigung über Vorteile bis zum „Spaß". Aggressionsarten oder -typen gehören aber im engeren Sinne nicht zur Definition und Klassifikation – eher zur empirischen Frage, was es alles an Aggressionen gibt.

Bei Hogg und Vaughan (2008, S. 446) überwiegen die Problematisierungen der Aggressionsdefinitionen. Zählt die Gewalt gegen Tiere oder Sachen dazu? Aggressionen in regelgerechten Wettkämpfen? Durch den Staat wegen des Gewaltmonopols bei der Verbrechensbekämpfung? Wenn die Schädigung minimal ist? Wenn nur das Opfer meint, es habe eine Schädigung gegeben? Ist eine Aggression zum Besten des Opfers eine Aggression (z. B. ein mit Gewalt durchgesetztes Verbot des Drogenkonsums) oder: zählt Autoaggression und Selbstverletzung auch zu Aggressionen? In der Tat ist man geneigt, die aggressiven Emotionen und schädigenden Verhaltensweisen nicht für erschöpfend sortierbar zu halten.

Oft sind solche Sortierungen auch banal: ob schädigende Verhaltensweisen körperlich, verbal, nonverbal ausgeübt werden, alleine oder mit anderen (individuell oder kollektiv), sich gegen Sachen von Personen oder gegen die Personen selbst richten, ob sie feindselig oder cool, offen oder verdeckt sind – das sind uns allen bekannte schädigende Formen von Verhaltensweisen. Gerne wird – durch Einschluss des normabweichenden Charakters bestimmter Verhaltensweisen provoziert – auch die erlaubte/nicht erlaubte Schädigung definiert. Oder: Lehrergewalt, Schülergewalt, Elterngewalt und -aggression. Oder strukturelle (Johan Galtung) oder personale Gewalt.

Die strukturelle Gewalt ist eine „vermeidbare Beeinträchtigung grundlegender menschlicher Bedürfnisse oder, allgemeiner ausgedrückt, des Lebens, die den realen Grad der Bedürfnisbefriedigung unter das herabsetzt, was potentiell möglich ist". Also zahllose Formen gesellschaftlich, politisch oder administrativ hergestellter Schädigungen – meist ohne erkannte aggressive Erregung.

Nolting hat mit der Unterscheidung von Vergeltungs- und Abwehraggression auch indirekt die Schuldfrage angesprochen. Daraus ließe sich eine weitere Klassifikation schädigender Verhaltensweisen und aggressiver Erregungen ableiten: Eine Person ist schuld, also *initiativ* schädigend, eine andere wehrt die Schädigung ab, also *reaktiv*, beides entsteht *interaktiv*, d. h. während einer sozialen Interaktion. Die kann in einem regelgerechten Wettkampf (Revanchefoul) oder im schulischen Wettbewerb entstehen. Oder auch *koaktiv* (parallel agierend) im Wettbewerb um die besten Zeugnisse oder den schnellsten 100 m-Lauf – die Schädigung kann wie die aggressive Erregung zahllose Kontexte und Möglichkeiten haben.

Watzlawick u. a. (1969) haben die Ursache an einer Kommunikationsstörung bzw. einer Schuldzuschreibung in einem ihrer Axiome im unendlichen Regress der Interaktion sich verlieren lassen. Damit weichen sie einer kausalen Eindeutigkeit für den Beginn einer Aggression aus. Durch dieses Axiom erzeugt man in der Praxis das Gefühl, dass man die Schuldfrage für schädigendes Verhalten und aggressive Emotionen nicht mehr zu stellen brauche. Irgendwie sind alle Schuld – zu „einer Aggression gehören immer zwei". Dies führt zu einer Praxis riskanter Abkehr von Schuldanalysen, welche die Täter schützt und die Opfer belastet. Richtig ist, dass es außerordentlich schwierig ist, den auslösenden Impuls für eine aggressive Erregung bzw. ein schädigendes Verhaltens zu diagnostizieren. Das erfordert oft mehr an Zeit, als sie Lehrern und Lehrerinnen im Schulalltag zur Verfügung steht.

Zu den wesentlichen Ergänzungen von Definitionen gehört die von Hans Werbik (1978) zuerst und mit Nachdruck entworfene Differenzierung der unterschiedlichen Perspektiven auf das aggressive Geschehen (Straub & Werbik, 1999). Aussagen über aggressive Erregungen und schädigendes Verhalten führen je nach Perspektive zu unterschiedlichen Ergebnissen. Gemeinhin nimmt man in Büchern wie diesem die *Perspektive des Beobachters* ein, d. h., man betrachtet ein aggressives Geschehen von außen und analysiert es entsprechend. Nähme man die *Perspektive des Täters* ein, so würde sich ein ganz anderer Ablauf des aggressiven Geschehens ergeben. Bei der Einnahme der *Perspektive des Opfers* würden ebenfalls andere Aspekte des Geschehens eine wesentliche Rolle spielen.

Nicht nur die Rechtfertigungen und kausalen Annahmen über die Ursache variieren zwischen Täter-, Opfer- und Beobachterperspektive, sondern auch die begleitenden Emotionen und gedanklichen Kalkulationen von Täter, Opfer und Beobachter. Alle denken in jeweils anderen Kategorien und kalkulieren ihre eigenen Reaktionen unter völlig anderen Voraussetzungen. Der Beobachter sieht die Aggression unter dem Aspekt einer „gewaltfreien Schule", der Täter kalkuliert, ob er den betreffenden Mitschüler auch wirksam und nachhaltig trifft, damit der eigene Schmerz ausgeglichen wird und keine weitere Eskalation erfolgt. Das Opfer muss kalkulieren, ob es mit seiner neuerlichen aggressiven Erregung und angesichts der massiven Rache noch Chancen für eine weitere schädigende Verhaltensweise gegenüber dem Täter hat.

Schriebe ein Beobachter ein Buch über „Gewalt in der Schule", fiele es völlig anders aus, als wenn es Opfer oder Täter schreiben würden. Der Beobachter schriebe wie ein Ethnograph in fremden Ländern über ein ihm fremdes Geschehen mit dem Blick des Distanzierten und nicht Betroffenen. Die Opfer würden über Schutz und Gegenwehr, über Entschädigungen, über Strategien des sich Entziehens und über die bösen Täter schreiben. Und die Täter über die hysterische Verfolgung harmloser Kritik an Mitmenschen, darüber, dass man die vielen Dummköpfe auf der Welt auf die rechte Bahn bringen müsse, dass die Tüchtigen sich durchsetzen müssten, weil sie von den vielen „Weicheiern" und „Softies" so was von genervt seien. Da war die „Watschn" unbedingt notwendig – der hatte es verdient.

Wer heute Aggression und Gewalt nur als körperliche Verletzung bzw. seelische Demütigung oder Provokation definiert, dem entgehen viele andere Möglichkeiten, wie ein Täter sein Gegenüber schädigen kann. Der Hintergrund dafür ist, dass sich jeder Mensch mit anderen Personen, mit Gegenständen, mit Ideen, Wertvorstellungen, Vorlieben, moralischen Regeln, ethischen Prinzipien, mit Gruppen und sozialen Kategorien, mit seiner Alltagskultur und den politischen Regeln, die sein Leben beherrschen und beherrschen sollen, identifiziert. Ein Angriff auf diese Bereiche ist wie ein Angriff auf ihn selbst, der zumindest aggressive Erregungen produziert, wenn nicht schädigendes Verhalten gegenüber dem Urheber, kurz: eine Aggression, zur Folge hat.

Wie kann man diesen persönlichen, schädigungssensiblen Umkreis um die Person herum bezeichnen? Dieser Bereich sieht aus der Perspektive eines Individuums wie folgt aus: Meine Sachen gehören mir, ich bin daran interessiert, dass meine Sachen nicht von anderen zerstört werden. Mit meiner Religion und Kultur bin ich identifiziert, ich habe Interesse daran, dass diese Identifizierung respektiert wird. In meiner

Umgebung schätze ich eine Reihe von Personen; ich bin daran interessiert, dass diesen Personen Respekt entgegengebracht wird. Ähnliches gilt für die Identifikation mit meiner Familie, mit meinen Vereinen, mit meinen Musikgruppen usw. Darüber hinaus findet auch eine Identifikation mit der Alltagskultur statt, d. h. ich habe Lieblingsessen, Lieblingsfarben, Lieblingsfilme, Lieblingsbücher, Lieblingsfächer, Lieblingslehrer etc. und ich habe ein Interesse daran, dass andere nicht negativ über diese alltagskulturellen Vorlieben reden. Ich erlebe eine Schädigung auch dann, wenn man meine Musikvorlieben oder meine Jeans oder meine Frisur kritisiert. Auch meine eigenen schulischen Leistungen, meine Aufsätze, meine Meinungen zu Schulfächern sollen nicht negativ bewertet werden – ich habe ein durchgehendes Interesse an der Unversehrtheit von allem, was mich betrifft. Abfällige Bemerkungen über Kategorien, denen ich angehöre (Geschlecht, Nationalität, Alter etc.), verletzen mich und sie erregen mich aggressiv.

Da sich die Schädigungen des Menschen nicht nur auf seine Person bzw. das Verhalten seiner Person beziehen können, ist alles, was das „erweiterte Selbst" – so soll es hier genannt werden – beschädigt, etwas, was eine aggressive Erregung auslösen kann. Und in deren Gefolge ist eine schädigende Verhaltensweise denkbar.

Ein Zwischenfazit: Aus der typischen Aggressionsdefinition werden die Intention und die Normabweichung herausgenommen – ob eine Schädigung absichtlich ist oder nicht, als regelgerecht, üblich, innerhalb der Norm liegend aufgefasst wird oder nicht, sei aus analytischen Gründen egal. Aggressionen richten sich nicht nur „gegen andere Personen", sondern auch gegen deren „erweitertes Selbst", gegen alles, mit dem sie identifiziert sind, und natürlich auch gegen Sachen, Tiere, Geschmack und Gruppenzugehörigkeiten. Aggressive Erregungen sind gegenüber Gesetzen, Erlassen, politischen Meinungen, anderen Interpretationen von Gedichten, anderen Realitätswahrnehmungen, gegenüber kulturellen Präferenzen möglich. Im Ergebnis erkennt jeder sofort: Dadurch werden große und zentrale Bereiche der Gesellschaft der „Aggression" (der Erzeugung von aggressiver Erregung und schädigendem Verhalten) zugeordnet. Das muss so sein – um wirksame *pädagogische* Prävention machen zu können. Vor allem damit klar wird, dass die Zivilisierung des aggressiven Geschehens auch an Stellen ansetzen muss, die sich bislang huld- und sorgenvoll dem aggressiven Schüler zugewendet haben, seine

Aggression pathologisiert haben und dabei übersehen, dass sie selbst bis zum Kragen voll aggressiver Emotionen und Hass stecken und eine Vielzahl von Mitmenschen dauerhaft schädigen. Erst so sieht man, was Schüler und Schülerinnen alles lernen müssen.

1.2 Der evolutionäre Sinn aggressiver Erregungen und schädigender Verhaltensweisen

Menschen können sich Schönes wie Schreckliches antun: sie können sich lieben, ihr Leben für andere aufs Spiels setzen, helfen, trösten, aufheitern – aber sie können andere auch töten, verletzen, fertig machen, kritisieren, die Laune verderben, ihren Ruf ruinieren, sie diskriminieren etc. Und tausend Tätigkeiten dazwischen – neutrale Umgangsformen, funktionale Tätigkeiten. Darüber wundert sich niemand.

Die „aggressiven Erregungen" und das „schädigende Verhalten" dienen dem Selbstschutz, der Selbstwertsicherung, aber auch der Selbstwerterhöhung. Alle Menschen – vom Kindergarten bis zur Altenakademie – möchten ihr Selbst und ihr „erweitertes Selbst" vor Vernichtung und Beschädigung schützen. Das Wichtigste also: Verteidigung.

Wie aber käme dann das Böse in die Welt, wenn sich alle ja nur verteidigen wollten? Dann müsste die Aggressivität bis zu jenem Moment schlummern, in dem der Mensch angegriffen wird. Das ist – wie jeder weiß – nicht so. Aggressive Erregung entsteht ebenso wie schädigendes Verhalten auch ohne eine sicht- oder hörbare Provokation. Das kann zwei Gründe haben: 1. entweder möchte ich besser sein als der andere, ich bin neidisch, missgünstig oder aber 2. das, was er tut, stört mich, ich mag ihn nicht, ich mag das nicht, was der andere mag, er hat den falschen Kleidungs- oder Musikgeschmack, die falschen politischen Ansichten, er sieht „doof" aus etc. Also: Besser sein als andere (Ich-Orientierung, hierarchisches Selbstinteresse, soziale Dominanzorientierung) und sich gestört fühlen, durch andere (eine missionarische Orientierung, Diskriminierung). (An den Glaubenskriegen und der Fremdenfeindlichkeit kann man dies studieren). Das hier postulierte „erweiterte Selbst" enthält gewissermaßen expansive Züge: Andere sollen sich mir und meinem Aufstiegsdrang nicht in den Weg stellen, andere sollen das tun, was man will, sollen so sein, wie man es gerne hätte, und die Welt sollte von Menschen bevölkert sein, die so sind, dass sie einem passen, an denen man keinen Anstoß zu nehmen braucht. Der heranwachsende Mensch muss lernen, mit solchen Impulsen sozialverträglich umzugehen. Das ist auch Prävention von Gewalt in der Schule.

Das ist das Fatale – durch das Streben nach dem „besser sein als andere" und dem Wunsch nach Durchsetzung meiner eigenen Idealvorstellungen setze ich andere zurück, komme selber voran, aber frustriere andere, erzeuge in ihnen aggressive Erregungen. Sollen wir deshalb auf das Wettbewerbs- und Durchsetzungsprinzip verzichten? Natürlich nicht. Aber lernen müssen wir alle, mit Wettbewerben umzugehen – Sieger wie Verlierer. Und dort, wo sie unsinnig sind, müssen sie auch nicht veranstaltet werden. Der Wettbewerb findet aber auch ohne Veranstalter statt – einfach wegen der unterschiedlichen Bewertung sämtlicher Eigenschaften. Ich sehe gut aus, dafür kann ich ja nichts, andere, von der Natur benachteiligte Menschen, neiden mein Aussehen, mein Glück, meine Fähigkeiten. Und geraten folglich in aggressive Erregung – freuen sich über Fehler und Unglücke, die mir widerfahren. Oder: stellen mir ein Bein und lassen mich nicht abschreiben.

Schlimmer ist es mit der aggressiven Erregung über Menschen, die mir eigentlich nichts getan haben, die mich aber wegen ihrer Art und Weise zu sein, wegen Parteizugehörigkeit, Kultur, Religion, Aussehen, Eigenschaften, politischen Überzeugungen, Mode und Musikgeschmack abstoßen und erregen. Wo kommen die Antipathie und der Hass her?

Menschen bilden als Teil des „erweiterten Selbst" Theorien darüber aus, wie die Welt sein sollte und sie selbst auch (das ideale Selbst und die ideale Welt). In unserem Hirn ist nicht nur gespeichert, wie die Welt ist, sondern auch wie sie sein sollte (Brandtstädter, 1980). Wenn andere gegen diese meine impliziten Theorien und Richtlinien verstoßen, verletzen sie mich und mein erweitertes Selbst, ihre Existenz ist zynischerweise eine „Beleidigung" für mich. Schädigendes Verhalten kann die Folge sein. Der Kritiker im Feuilleton ist übrigens hin und wieder ein „Schädiger", der sich aggressiv über ein „misslungenes" Konzert, eine "schlechte" CD oder ein "langweiliges" Buch erregt. Natürlich kann er Recht haben und vor allem: Kritik ist ja erwünscht – aber sich diese Tätigkeit als eine nicht-aggressive Tätigkeit schönreden ist Heuchelei. Empirisch fängt das im Kleinkindalter an. Nehnevajsa (1955) unterschied monadische und dyadische Gründe für Antipathie und Sympathie zwischen Kindern. Dyadische Gründe basieren auf einer Interaktionsgeschichte zwischen zwei Kindern A und B, während monadische Antipathiegründe nicht auf Interaktion, sondern auf dem einseitigen Missfallen eines der Kinder über das andere basiert.

Aggressive Erregungen und schädigendes Verhalten haben also reaktiv den Sinn des Schutzes und initiativ den der sozialen Durchsetzung des Individuums und seines erweiterten Selbst (bei Nolting: Abwehr- und Ärgeraggression auf der einen Seite – Erlangungsaggression auf der anderen). Dabei kann der Mitmensch, ohne dass er dem Täter etwas tut, Opfer werden – weil er dem Täter nicht passt.

Kann aggressive Erregung und schädigendes Verhalten auch "Spaß" machen? Wer einen Kampf gewinnt, bekommt Anerkennung, wer stärker ist, bekommt Respekt, wer anderen Angst einjagt, ist mächtig. Und das Feuilleton oder die Politik, die Filme und Bücher liefern das entsprechende Umfeld: wer sich durchsetzt, andere fertig macht, ist tüchtig – so die unausgesprochene, aber umso deutlichere Botschaft der sublimen aggressiven Erregung und Schädigung. Kritik und Kabarett machen Spaß – nein, wir wollen es nicht abschaffen, sondern nur darauf hinweisen, dass die sublimen, kulturell wertvollen Formen aggressiver Erregung und des zivilisierten Schädigungsverhaltens derselben Quelle menschlicher Destruktionsmöglichkeiten entspringen. Das Böse fasziniert uns Menschen – ohne Frage (Wuketits 2000).

Macht die "Spaßkloppe" den Kindern wirklich Spaß? Solange sie nicht ausartet – bestimmt. Solange kein wirklicher Schmerz empfunden wird, erinnert das Balgen an das, was kleine Katzen und Hunde und Füchse auch tun – sich in spielerischen Raufereien erproben. Man will sehen, ob man es kann.

Es ist erstaunlich, immer wieder in den einschlägigen Untersuchungen zu lesen, dass eine spontane Kampfeslust (also eine ohne konkreten Anlass) äußerst selten ist und dass die meisten aggressiven und gewalttätigen Akte eine ganz eindeutige Ursache haben. Oftmals erscheint uns manche Aggression als spontan und ohne Ursache, ist aber in Wirklichkeit z. B. Rache mit einer zeitlichen Verzögerung (s. o.). Aggression ist nicht etwas, was von Zeit zu Zeit ohne Anlass so stark wird, dass man Dampf ablassen muss – wie die Dampfkesseltheorie von Konrad Lorenz früher vermuten ließ –, sondern sie entsteht aus Anlässen heraus, sie muss „getriggert", d. h. ausgelöst werden. Dann baut sie sich auf, wird stärker und stärker, bis die vermeintliche oder echte Bedrohung vorbei ist oder das Ziel erreicht ist.

Sind Menschen eigentlich von Natur aus friedlich und werden böse nur durch verderbliche gesellschaftliche Einflüsse gemacht? In den vorangegangenen Abschnitten wurde nicht Aggression erklärt, sondern ihre Funktion interpretiert. Es wird deutlich, dass manche kausalen Überlegungen beim Individuum enden: Es ist eben so, es will es, macht es, „von Natur" aus. Aggression ist ein Schutz- und Durchsetzungsmechanismus, den jeder hat. Daraus kann man aber nicht schließen, dass ein Mensch durch die Gene gezwungen wird, jemand anderes zu „verkloppen". Vererbt könnte die individuelle Stärke der aggressiven Erregung werden – oftmals eine Temperamentsfrage (Zentner, 1993). Die Intelligenz und die Schnelligkeit, mit der Situationen analysiert werden, die Körperkräfte und sicher auch die Empfindlichkeit, mit der Veränderungen in der Umwelt wahrgenommen werden können – sie alle könnten individuell unterschiedliche genetische Anteile haben und für die Ausprägung von Streitlust relevant sein.

Sind wir von Natur aus friedlich? Ja und nein – der Mensch, der Schüler wie der Lehrer oder die Eltern, sind alle zur aggressiven Erregung und zu schädigendem Verhalten fähig. Aber wenn es keine Anlässe gäbe – könnten wir alle friedlich sein.

1.3 Auslöser aggressiver Erregung und schädigenden Verhaltens – Das schulische Kollektiv und die heimlichen Täter

1.3.1 Die Schulklasse als Auslöser von aggressiver Erregung und Schädigung

Mit der kollektiven Unterweisung bzw. der Betreuung und Erziehung unserer Kinder und Jugendlichen in der Gruppe bzw. Schulklasse haben wir eine Bedingung geschaffen, die Gewalt und Aggressivitätsanlässe *en masse* produziert. Sämtliche Forschungen weltweit und in allen Kulturen zeigen immer wieder dasselbe Bild: Die Gruppe ist ein Entwicklungsrisiko und ein Aggressions- bzw. Gewaltrisiko allemal (Asher & Coie, 1983). Sie provoziert Konflikte.

Schon minutiöse Videountersuchungen in Kindergartengruppen von 3- bis 5-jährigen Kindern zeigen, wie Kinder die Material-, Raum- und Kontaktkonflikte, die eine Gruppe automatisch produziert, lösen. Überraschung dabei: keineswegs friedlich (Grammer, 1988). Kleine Kinder kommen nicht von selbst auf friedliche Lösungen, auf Teilen, auf Kompromisse, sondern diese sozialen Lösungen von Konflikten müssen durch die Erwachsenen den Kindern vorgemacht und beigebracht werden. Deswegen sind auch allzu starke Selbstständigkeitsideologien in der Erziehung kleiner Kinder hochgradig gefährlich (z. B. antiautoritäre Erziehung), weil sie die Chance offen lassen, dass Kinder ihre Konflikte so lösen, wie das in der Urzeit möglich war, nämlich durch das Recht des Stärkeren.

Karl Grammer, ein Verhaltensbiologe an der Universität Wien, hat in einem Buch mit dem Titel *Biologische Grundlagen des Sozialverhaltens* über diese Videostudien bei kleinen Kindern berichtet (die u. a. von Mario von Cranach stammen). Er findet deutliche Unterschiede zwischen Siegern und Verlierern in Konflikten. Es zeigt sich z. B., dass die Sieger die Technik des Drohens und des Protestes wesentlich besser beherrschen und auch häufiger benutzen, um ihre Ziele zu erreichen. Sie kämpfen gegen die Person, wohingegen Verlierer eher um die Sache kämpfen und keinerlei Repertoire haben, um ihre eigenen Ansprüche deutlich zu machen.

Nun wird in der pädagogischen Ideologie immer wieder behauptet, man müsse lernen, auch Verlierer zu sein, man werde ja nicht immer Verlierer sein, sondern auch mal Sieger, was insgesamt auf einen harmonischen Ausgleich von Siegen und Niederlagen führe. Diese blauäugige Illusion ist durch keine einzige Untersuchung für den Durchschnitt gestützt, sondern alle Untersuchungen zeigen, dass die Gleichaltrigen in der Gruppe ein Entwicklungsrisiko für einige Kinder sind. Es gibt starke Tendenzen, dass die Verlierer des Kindergartens auch später in der Grundschule Verlierer sind, dass sie dadurch Schaden in ihrer Entwicklung nehmen und dass die Gewinner, die Brutalen, ihre körperliche Kraft und ihr asoziales Verhalten zur Erreichung ihrer Ziele einsetzenden Kinder sich nachher an der Sonnenseite des schulischen Lebens bewegen. Naturwüchsig – also, wenn man die Kinder sich selbst überlässt – entwickeln sich offenbar überwiegend asoziale Strategien der Konfliktregelung. Es sei noch einmal betont, dass die heute modische Maxime der Deregulierung, der Entregelung, der Selbstregelung von Konflikten eher zu einem Sozialdarwinismus in Kindergarten, Schule und Leben führt. Moralische Normen und prosoziale Verhaltensweisen müssen überwiegend (nicht ausschließlich) durch Erziehung und durch erwachsene Bezugspersonen, die die Kinder mögen und ihre Probleme verstehen, an die Kinder weitergegeben werden. Pädagogisches Engagement durch den erziehenden Erwachsenen ist also notwendig, von selbst ergibt sich nichts. Schulklassen sind keine natürlichen Gruppen – der Umgang damit muss also von jedem Menschen gelernt werden.

Wie schon angedeutet, ist die Gefahr einer falschen Idealisierung der Gruppe oder der Gemeinschaft gegeben, da eine Gruppe Ungerechtigkeit und sozialdarwinistische Problemlösungen, aber auch viele Anlässe zur Aggressivitäts- und Konfliktentstehung provoziert. In der Kleingruppenforschung der Sozialpsychologie kann man weltweit Folgendes immer wieder feststellen: In jeder Gruppe gibt es stets 1. Unterordnung unter den Mehrheitsdruck (Konformität), 2. Ausgrenzung der Andersartigen, 3. eine Hack- und Rangordnung, 4. Konflikte mit Gewinnern und Verlierern, 5. Aggression, 6. Beliebte, Abgelehnte, Kontroverse, Isolierte und Unbeachtete.

Gruppen haben also auch negative Auswirkungen. Dieser Forschungstatbestand ist in der Wissenschaft seit langem bekannt, aber er wird weder von ihr offensiv vertreten noch hat die pädagogische Öffentlichkeit diesen sehr kritischen Befund zu den Möglichkeiten und Chancen von Gruppen und Kollektiven gebührend beachtet (Harris, 2000).

Die Gruppeneuphorie steht auch mit den Befunden der modernen Temperamentsforschung in Widerspruch, die eindeutig nachgewiesen hat, dass manche Menschen von Geburt an vor Gruppen größere Skepsis haben als andere (Zentner, 1993). Viele Menschen fühlen sich in Gruppen nicht wohl, sondern werden mehr oder weniger von Eltern, Lehrern gezwungen, sich dort wohl zu fühlen, und antworten mit dieser Vergewaltigung ihrer inneren Gefühle je nach Körperstärke auch mit Aggression und mit Kampf gegen die verhassten anderen Gruppenmitglieder. Die pädagogische Ausrede, „in Gruppen lernt man positives Sozialverhalten", ist eine ziemliche Schönfärberei, da bislang nicht eine einzige Untersuchung zweifelsfrei nachgewiesen hat, dass die Erziehung in administrativ zusammengesetzten Gruppen *per se* das Sozialverhalten verbessert und nicht verschlechtert. Der Mensch ist nämlich kein Gruppen-, sondern ein Cliquenwesen. Cliquenwesen heißt: er möchte gerne mit denjenigen zusammen sein, die er gerne mag (Dollase, 2000; Moreno, 1953). Und das sind, alle Beobachtungen und Befragungen deuten darauf hin, in etwa und maximal eine Handvoll anderer Kinder bzw. Menschen.

Die administrativen Zwangsgruppen in Schulklassen produzieren also unerwünschtes Sozialverhalten, gegen die das „soziale Lernen" wie Don Quichotte gegen die Windmühlenflügel kämpft. Es käme eher darauf an, die Gruppen aufzulösen und sie zugunsten kleiner Cliquen umzuorganisieren. In Cliquen (d.h.: Grüppchen von Menschen, die sich untereinander gut leiden können) kommt es eindeutig seltener zu Streitereien, zu Gewalt und Provokationen.

Das sei nicht machbar? Doch die Bewegung „offener Kindergarten", die eine Praxisbewegung ist (Regel & Wieland, 1993), zeigt, wie durch die Auflösung der herkömmlichen Gruppenverbände unter anderem nicht nur mehr Selbständigkeit und Lernfreude, sondern auch weniger Aggressivität erzeugt wird. Leider fehlt es an wissenschaftlich exakten Begleituntersuchungen hierzu, so dass nur Erfahrungsberichte von dort tätigen Erziehern und Erzieherinnen vorliegen.

Fatal ist die Ignoranz von Wissenschaft und Praxis gegenüber den Frustrationen, die sich aus dem Netzwerk der Freundschaften, Antipathien und Sympathien in jeder Klasse ergeben, der sogenannten „soziometrischen Struktur" (Dollase, 1976). Mögen und nicht mögen, Außenseiter sein, Freunde verlieren und gewinnen, so dass andere welche verlieren – diese Prozesse der informellen Anziehung und Abstoßung entstehen in jeder Gruppe auf der gesamten Welt zwangsläufig und sind eine ständig sprudelnde Quelle von aggressiver Erregung, Enttäuschung und Rachegelüsten. Die Befundlage ist uneindeutig – jede Klasse bildet eine soziometrische Struktur mit eigenen Gesetzmäßigkeiten heraus, mal wird der Täter geschätzt, mal nicht, je nachdem, welches Normsystem sich herausbildet (Wagenführ, 1996).

Gruppenarbeit ist kein Allheilmittel gegen den informellen Strukturfrust: Im Gegenteil, gerade dabei können die Konflikte besonders deutlich aufbrechen. Man hilft jenen nicht, die man nicht mag, gute Beiträge werden nur von Freunden aufgenommen – nicht von Gegnern etc. Die potentielle Gruppenleistung muss nicht umsonst auch in der experimentellen Sozialpsychologie um Prozess- und Motivationsverluste vermindert werden (Wilke & van Knippenberg, 1992). Mitschüler werden in der Gruppe ausgenutzt, man verschiebt die Verantwortung auf andere, gute Ideen setzen sich nicht durch, weil sie von Mitschülern kommen, die man nicht mag usw. Frust und aggressive Erregungen sind wahrscheinlich.

1.3.2 Prinzipien als unverdächtige Auslöser

Wenn man so will, haben wir schon einen eher heimlichen Gewalt- bzw. Aggressivitätsauslöser kennengelernt: die Gruppe, in der wir in unserem Erziehungs- und Bildungssystem Schüler und Schülerinnen aufwachsen lassen müssen – aus finanziellen und ökonomischen Gründen natürlich. Die Schulklasse hat das Potential zu einem strukturellen Gewalttäter, es sei denn, es gelingt der dort agierenden Lehrkraft, die Nachteile der Unterrichtung und Unterweisung, Bildung und Erziehung in einer allzu großen, administrativ zusammengesetzten, Gruppe zu kompensieren. Die Techniken dazu sind unter dem von mir entwickelten Begriff der „psychologischen Reduzierung der Gruppengröße" (Dollase, 1995) bekannt geworden.

In diesem Abschnitt sollen weitere heimliche Gewalttäter benannt werden. Heimlich, weil sie als Gewaltauslöser selten gebrandmarkt werden – offenbar ist es auch bequemer, auf die üblichen „Verdächtigen" wie Schule, Fernsehen, Video, Familienzerfall etc. hinzuweisen, weil die heimlichen Gewalttäter für uns alle etwas unangenehmer sind. Heimliche Gewalttäter sind z. B. all jene, die ihre Mitschüler und Mitschülerinnen „nur" verbal beleidigen, angreifen, beschimpfen etc. Die verbale Aggression genießt ein zu positives Image. Wenn man den Untersuchungen Glauben schenken darf, können sie von Kindern so verletzend empfunden werden, dass sie nur noch mit körperlicher Gewalt darauf antworten können. In dieselbe Gruppe fallen auch Aggressivitäten, die von dem Geschädigten nicht sofort beantwortet werden, sondern später und weil es in einer Gruppe und bei den vielen Kindern niemand richtig mitbekommt, wird dann ein Revanchefoul, eine Vergeltungsaggression, in derselben Kategorie behandelt wie eine spontane Aggressivität. Das führt nur zu neuen Ungerechtigkeiten. Und die unter Lehrkräften weit verbreitete Ansicht, dass man nicht jede Streiterei aufklären kann, führt bei den Schülern und Schülerinnen zu dem Bewusstsein, dass man den Schuldigen ja ohnehin nicht wissen will, so dass sie dann denken, dass sie selber auch einmal Schuldiger, d. h. Täter werden können.

Ein weiterer heimlicher Gewalttäter wurde im Massaker in Littleton, USA, bekannt. Die Attentäter betraten mit Waffen die Mensa und brüllten: „Alle Sportler aufstehen!", ehe sie ihre Waffen benutzten. Alle Welt hat nun über die Ursachen dieses Massakers spekuliert, etwa die leichte Zugänglichkeit von Waffen, das Fernsehen, die Gewaltvideos, das Internet etc., ohne über diese merkwürdige Floskel „Alle Sportler aufstehen!" nachzudenken. Die Tätergruppe, die sog. Trenchcoat-Mafia, eine teilweise Außenseitergruppe unter den Schülern, hat da mit ihrem Hass auf die vergötterten Realisationen einer Leistungsgesellschaft reagiert. Die gesunden, schönen, erfolgreichen, sportlichen, intelligenten Menschen werden uns allen immer wieder als Vorbilder und als wertvoll vor die Nase gesetzt. Welche Empfindung soll jemand haben, der unsportlich ist, in der Schule schlecht abschneidet und obendrein noch hässlich aussieht? Wo bieten wir jemandem, der derartig unterlegen ist, wenn man den Katalog erwünschter Verhaltensweisen betrachtet, eine Chance, eine unzerstörte Identität zu bekommen? Eine Gesellschaft, die nur an die Gewinner denkt, die Gewinner auszeichnet und keine Perspektive für die Verlierer eröffnet, darf sich nicht wundern, wenn sie zunehmend gewalttätiger wird. Eine Schule darf nicht nur eine Gewinnerkultur entwickeln, sondern sie muss auch eine Verliererkultur erarbeiten, d. h. nicht nur Preise für die Guten, sondern auch Perspektiven für die Schlechten und Benachteiligten entwickeln. Wenn der Abiturient mit gutem Zeugnis zu seinen Zukunftsplänen befragt wird, schwärmt er: „Ich will was bewegen!" – wichtig sein, mehr als andere sein, also eine ganze Reihe anderer zur Seite schieben. Nur ja nicht bescheiden bleiben. Und die Öffentlichkeit klatscht Beifall und jubelt „Durchsetzungsfähigkeit", „Elite", förderungswürdiger Ehrgeiz. Den Kollateralschaden solchermaßen geäußerter Ich-Bezogenheit will sie dann natürlich nicht thematisiert wissen – das wäre ja unangenehm. Warum will er was bewegen – ist er so wichtig? Warum antizipiert er nicht die Tatsache demokratischer Entscheidungsfindung, die dem Einzelnen ein kleines Stimmchen geben und nicht alle Macht?

Heimliche Gewalttäter sind auch die Mädchen (Scheithauer, 2003). In der Tat ist richtig, dass Jungen häufiger zu körperlicher Aggressivität neigen, allerdings sind die entsprechenden Ergebnisse nicht so dramatisch, weil körperliche Aggression ein recht seltenes Ereignis auch bei Jungen ist (dass es große Teile der Jungen schon mal getan haben, bedeutet ja nicht, dass sie dauernd prügeln). Umfragen dazu sind oft sprachlich auch so gehalten, dass sie diese Unterschiede provozieren, weil sie typische Mädchenaggressionen nicht enthalten. Möglicherweise sind sie zu einem guten Teil ein Artefakt. Psychologische Aggressionsforscherinnen verweisen neuerdings unter anderem darauf, dass Mädchen andere Formen der Aggressivität bevorzugen, z. B. die „relationale Aggression", d. h. sie nutzen Beziehungen zwischen Schülern und Schülerinnen so aus, dass sie Empörung und Gewalt auslösen (Werner, Bigbee, & Crick, 1999). In eigenen Untersuchungen gibt es keine Unterschiede bezogen auf die Bewunderung von aggressiven Mädchen oder aggressiven Jungen. Sowohl Jungen wie Mädchen geben zu rund einem Drittel an, dass sie Jungen und auch Mädchen mögen, die einem Streit nicht aus dem Wege gehen. Die Bewunderung für Streit und Aggressivität ist also nicht geschlechtsspezifisch unterschiedlich ausgeprägt, kann man als Interpretation der Ergebnisse sagen. Und wehren wollen sich bei Angriffen gleich viele Mädchen wie Jungen – nämlich mehr als zwei Drittel.

Unsere Medien wirken nicht nur auf die Gewalt und Aggressivität durch die Berichte über Aggressivität und Gewalt. Wie weiter unten ausgeführt, erklärt man über den Medieneinfluss nur relativ wenig Unterschiedlichkeit in der Aggressivität zwischen den Menschen. Viel schlimmer ist möglicherweise eine noch nicht untersuchte Gewaltbotschaft unserer Medien an unsere Öffentlichkeit. Es fällt auf, dass „Durchsetzungsfähigkeit", „Siegertypen", „Powertypen", dass Menschen, die man als frech und etwas zynisch bezeichnen würde, in der Presse gut wegkommen. Auch in der Politik und in der Wirtschaft kann man eine Person durchaus positiv kritisieren, wenn man sagt: „Der ist durchsetzungsfähig, ein bisschen frech und schnippisch, aber er bekommt, was er will." Dass eine solche Beschreibung nicht als eine Horrorbeschreibung für einen asozialen Menschen empfunden wird, sondern als positive Äußerung, ist ein äußerst bedenklicher Zustand für eine Gesellschaft, die sich andererseits über das Ausmaß an Aggressivität und Gewalt erregt. Dass solche asozialen Eigenschaften positiv geschätzt werden, ist die Bankrotterklärung unserer Lippenbekenntnisse zum friedlichen miteinander Umgehen.

Auch die neumodische Tour, Vorgesetzte zu ermuntern, „Führungskraft" zu zeigen, zu delegieren und andere für sich arbeiten zu lassen, anstatt ihnen deutlich zu machen, dass sie das höhere Gehalt deswegen bekommen, weil sie Diener und Dienerinnen einer Gemeinschaft sind, markiert einen ebensolchen problematischen Umschlagpunkt von einer friedlichen zu einer Sieger-Verlierer-Gesellschaft. Wer Durchsetzungsfähigkeit hat, setzt sich gegenüber anderen durch und nimmt ihnen etwas weg oder setzt andere herab – wie kann das eine soziale Eigenschaft genannt werden?

Unsere Gesellschaft schleppt noch weitere Prinzipien unausgesprochen mit, die unser Leben wie selbstverständlich regeln und über die wir uns keine Gedanken als mögliche Gewalt- und Aggressivitätsauslöser machen. Es sind aus meiner Sicht folgende Prinzipien der Ich-Gesellschaft:

Das Selektionsprinzip: Wir haben verinnerlicht, dass nur das Gute und Starke überleben kann. In der Schule kommen diejenigen weiter, die die Anforderungen erfüllen, völlig selbstverständlich. Aber was lernen wir daraus? Wir lernen, dass man gut und stark sein muss, um in dieser Gesellschaft zu überleben.

Das Selbstverantwortungsprinzip: „Jeder ist seines Glückes Schmied" sagen wir und meinen damit, dass das Unglück, in das ein Mensch gerät, offenbar von ihm selbst verschuldet wurde. Nach dem Selektionsprinzip hat er verloren, kann den Beruf nicht ergreifen, die Schule nicht besuchen, die er gerne möchte, und nach dem Selbstverantwortungsprinzip wird ihm die Schuld für sein Scheitern auch noch aufgeladen.

Das Leistungsprinzip: Wir bewerten Menschen nur nach ihrer Leistung. Und zwar so, dass immer die noch größere Leistung zählt. Es gibt keinen absoluten Maßstab für die Ausübung eines Berufes, sondern wir nehmen immer nur die Besten, nach dem Selektionsprinzip ja auch verständlich. Wer nicht leistungsfähig ist, muss mit einer schweren Frustration fertig werden.

Das Hierarchisierungsprinzip: Die anderen Prinzipien legen uns nahe, nur die Gewinner als wertvoll und die Verlierer als wertlos zu bezeichnen. Sie sind nicht anders, sondern sie sind wertlos. Auch mit dieser Frustration, die sie ins Selbstbild übernehmen, müssen die Verlierer fertig werden.

Das Egoismusprinzip: In einer solchen Leistungsgesellschaft kann man sich nicht um andere kümmern, da man ja seine ganzen Kräfte braucht, um den Kampf gegen die anderen zu bestehen, also kann man sich nur um sich selbst kümmern.

Natürlich, und das hat jeder selbst erfahren, ist die Benennung solcher Prinzipien unangenehm. Wir wissen alle, dass wir uns im täglichen Schulleben beispielsweise daran orientieren und orientieren müssen. Und auch unser Wirtschaftsleben wird so organisiert, dass diese Prinzipien gelten. Quasi um unser schlechtes Gewissen zu beruhigen, erfinden wir dann die Nächstenliebe, den Einsatz für die Schwachen in dieser Gesellschaft, ohne wirklich an den Ursachen, die diese Unterschiede zwischen Menschen produzieren, irgendetwas zu tun. Besonders schamlos ist die politische Botschaft, dass man sich um gleiche Chancen für alle bemühen will, ohne zu sagen, dass man selbstverständlich bei der Bestenauswahl bleiben wird, also die „gleichen Chancen" nicht Gleichheit im Wettbewerbsausgang bedeuten wird.

Nun werden wir an unserem Einsatzort Schule und Gemeinde verändern können, aber wir müssen uns bewusst sein, dass die Schule als Teil der Gesellschaft sich nach denselben Prinzipien strukturiert, wie es die Wettbewerbswirtschaft tut. Wir müssen wissen, dass wir durch diese unausgesprochenen Prinzipien aggressive Erregungen und schädigendes Verhalten bei jenen erzeugen können, die als Verlierer des schulischen Lebens gelten.

1.3.3 Lehrer-, Schüler-, Eltern- und Schulgewalt

Alle sind schuld: Eltern, Schüler, Lehrer und die Schule. Auch wenn jede dieser Personengruppen – für die Schule steht ja der Schulleiter in der Pflicht – die Hauptschuld den anderen geben würde, so steht aus analytischen und empirischen Gründen zunächst einmal fest, dass es bei den „üblichen Verdächtigen" (Casablanca) keine exkulpierte Bevölkerungsgruppe gibt.

Der Salzburger Erziehungswissenschaftler Volker Krumm hat Studierende (N = 1321) gebeten, sich an Vorfälle ihrer Schulzeit zu erinnern, bei denen sie durch Lehrer gekränkt worden sind (Krumm, 2003). Hierbei ergab sich eine Fülle von Kränkungen, die Krumm nach verschiedenen Bereichen sortiert hat (1. negative Zuschreibungen, Behauptungen, Vorurteile, 2. Bloßstellen, 3. ungerechtes, unfaires Verhalten, 4. Schreien, Beschimpfen, Schimpfwörter, 5. Lächerlichmachen/Beschämen, 6. Ignorieren, Vernachlässigen, Missachten, 7. Verletzung von Rechten, 8. Unterstellung von Fehlhandlungen, 9. Körperverletzungen, 10. Drohungen, Einschüchterungen, 11. Isolierungen, 12. Informationsweitergabe, 13. unangemessene Arbeitsaufträge).

Krumm ist es ein Anliegen, deutlich zu machen, dass das Thema „Gewalt in der Schule" nicht nur ein Problem des Schülerverhaltens ist, sondern selbstverständlich auch des Lehrerverhaltens. Es folgen einige Beispiele aus seiner Untersuchung:

> Der Lehrer schreibt mangelndes Denkvermögen zu, Zweifel an der Eignung für die Schulform, verdächtigt Schüler, psychisch krank zu sein, hebt die leistungsbezogenen Schwächen absichtlich hervor, gibt Aufgaben, die absichtlich zu schwer sind, um jemanden zu diskreditieren, er kritisiert Eigenschaften oder Merkmale, er macht Vertrauliches publik, er bauscht einzelne Vorfälle auf und generalisiert sie, er prüft völlig überraschend, er erteilt ungerechte Strafen, er kritisiert ständig

ungerechtfertigt die Arbeit, er gebraucht Schimpfwörter, er schreit Schüler an, er macht sich über mangelnde Fähigkeiten lustig, er kritisiert Aussehen und Outfit, er macht sich über das Privatleben lustig, er macht sich über die Herkunft der Schülerschaft lustig, er verbietet dem Schüler den Mund, er verweigert den Kontakt durch abwehrende Blicke und Gesten, er spricht nicht mehr mit dem Schüler, er verweigert die Unterstützung, er greift politische oder religiöse Einstellungen an, er unterstellt unlautere Absichten, er schiebt dem Schülern negative Vorfälle in die Schuhe, er droht ständig mit Rausschmiss, er droht körperliche Gewalt an, er droht ungerechtfertigt mit schlechten Noten oder mit Durchfallenlassen, er schließt Schüler aus der Gruppe oder dem Klassenraum aus, er spricht in Abwesenheit schlecht über den Schüler, er verleumdet Schüler bei Eltern, er verleumdet Schüler bei dem Direktor oder anderen Lehrern, er gibt sinnlose Strafarbeiten, er gibt ständig neue Aufgaben.

Niemand sollte behaupten, dass solche Fälle schädigenden Verhaltens nicht von Lehrern und Lehrerinnen ausgehen können. Es ist leider nur zu normal. Nach Krumm haben nur 23 % der Schüler und Schülerinnen selbst keine Kränkung erfahren – alle konnten aber Fälle schildern, in denen Mitschüler gekränkt wurden. Kaum ein Mensch – so Krumm – bezweifelt die Gültigkeit dieser Befunde. Den körperlichen, sexuellen Missbrauch lassen wir hier mal als kriminelles Delikt unberücksichtigt.

Und wie sollen Schüler auf Kränkungen reagieren? Natürlich mit aggressiver Erregung. Zumal jede Kränkung durch Lehrkräfte auch eine soziometrische Parteinahme ist: Die „Feinde" des Schülers werden frohlocken, wenn ihr Feind vom Lehrer getadelt wird.

Das ungünstige Modellverhalten von Lehrkräften (von Männern wie von Frauen) hat nicht nur Folgen für das Verhalten der Schüler zu den Mitschülern. Die Erzeugung aggressiver Erregung beim Lehrer gehört zur bevorzugten Schülerbeschäftigung:

> Schüler stören den Unterricht, halten sich nicht an Regeln, passen nicht auf, vergessen ihre Hausarbeiten, reden in der Öffentlichkeit schlecht über ihre Lehrer, verleumden Lehrer bei ihren Eltern, bei anderen Schülern, machen sich über Eigen-

heiten der Lehrkräfte lustig, verabreden sich zu Lehrerstreichen, ignorieren seine Anwesenheit, gebrauchen Schimpfworte für den Lehrer, schreien Lehrer an, drohen mit körperlicher Gewalt gegen Lehrkräfte, sprechen Vorurteile gegen die sexuelle Orientierung von Lehrkräften aus, hören nicht zu, geben sich keine Mühe, missachten die aufwendigen Unterrichtsvorbereitungen von Lehrern, hetzen ihre Eltern gegen ihre Lehrer auf, drohen ungerechtfertigt mit einer Dienstaufsichtsbeschwerde, veranstalten die Wahl zum beliebtesten Lehrer und veröffentlichen auch die letzten Plätze dieser Rangreihe, plaudern in der Schülerzeitung anonym Details aus dem Privatleben ihrer Lehrer aus, veröffentlichen im Internet hässliche Passagen über ihre Lehrer.

Man sollte die Zeilen nicht nachzählen – ob etwa gleich häufig Lehrer- wie Schülerfehltritte genannt wurden. Studien zum Lehrerstress durch Unbotmäßigkeiten und Verstocktheiten oder Begabungsmangel der Schüler gibt es zuhauf. Lehrer, einmal in aggressive Erregung versetzt, wenden ebenfalls schädigende Verhaltensweisen gegenüber Schülern an. „Gewalt in der Schule" geht als Thema alle an – es ist grundlegend falsch anzunehmen, dass es hier nur um ein Erziehungsproblem von Unterschichtkindern handelt.

Die Schulgewalt, die Schule als Auslöser aggressiver Erregungen und von „erlaubten" Schädigungen des Schülers, entsteht aus deren „Frustrationspotential". Eine der bekanntesten Aggressionstheorien ist die Frustrations-Aggressions-Theorie. Diese wurde in der Vergangenheit häufig kritisiert, weil nicht auf jede Frustration eine Aggression folgt. Man kann auf Frustrationen selbstverständlich auch anders als mit Aggressionen reagieren. Die Vertreter dieser Theorie haben zwischenzeitlich die Theorie variiert und diesem Einwand längst angepasst. So kann etwa auf eine Aggression auch eine Regression (ein sich Hängenlassen, Resignieren) folgen. In einem entsprechenden Test, dem „Rosenzweig Picture Frustration Test" (1948), muss man in zeichnerisch (Comic) dargestellten frustrierenden Alltagssituationen (auch schulrelevante Situationen finden sich darunter) leere Sprechblasen der frustrierten oder frustrierenden Akteure mit eigenem Text ausfüllen. Dieser wird dann anschließend codiert: nach *Reaktionsrichtungen* wie extropunitiv (die anderen sind schuld), intropunitiv (ich bin schuld) oder impunitiv (keiner von uns ist schuld) sowie nach *Reaktionstypen* (ob jemand die Ich-Verteidigung, die Persistenz seines Bedürfnisses oder die Dominanz des Hindernisses zur Bedürfnisbefriedigung in den Vordergrund stellt). Der Test zeigte schon 1948, wie variabel Menschen auf Frustrationen reagieren können. Schulgewalt kann impunitiv verarbeitet werden – das anonyme System, die Umstände sind schuld. In den neuen Variationen der Frustrations-Aggressionstheorie wird ein breiteres Verständnis von Frustrationen formuliert. „Negative Gefühle" erhöhen das Risiko aggressiv schädigenden Verhaltens. Zwar führen auch negative Gefühle, die nicht nur aus Frustration entstehen können, sondern auch andere Ursachen haben können (z. B. hohe Temperatur), zu anderen überwindenden Verhaltensweisen, aber mit einer gewissen Wahrscheinlichkeit gilt der Aphorismus: „We are nasty if we feel bad." Wir sind leichter aggressiv erregbar, wenn es uns schlecht geht.

Das ist die Schulgewalt. Negative Gefühle produziert die Schule häufig: man lernt nur schwer, man kommt nicht mit, es ist langweilig, man bekommt schlechte Beurteilungen (ob Noten oder Wortbeurteilungen ist egal), andere sind besser, der Lehrer mag einen nicht, meine Klassenkameraden finde ich doof, ich habe keine Freunde in der Schule, außerhalb der Schule kann ich mich besser beschäftigen etc. Woran liegt das? Nein, nicht an den herkömmlichen Methoden, auch in reformpädagogischen Anstalten gibt es negative Gefühle zuhauf. Es liegt schlicht daran, das dass Zusammenleben von mehreren Menschen zwangsläufig negative Gefühle provozieren muss. Und es gab historisch, ökonomisch und fiskalisch keine andere Chance, als das Lernen so institutionell zu organisieren, wie es geschehen ist. Vielleicht – in einer fernen Zukunft– kann man die Institution abschaffen, weil man qua Computer und „home schooling" oder „situiert" lernt.

In den 1970er Jahren entwickelte Berk (1971) in Anlehnung an Jackson und Wolfson (1968) eine Taxonomie so genannter „environmental force units" (EFU). In diesen werden die Frustrationen von Schülern und Schülerinnen gegen Begrenzungen ihrer Bedürfnisse durch das Schulsystem definiert.

Die EFU's heißen: 1. Wunsch eines Kindes gegen Wunsch eines anderen Kindes; 2. Wunsch gegen Lehrererwartung; 3. Wunsch gegen nicht intentionale Behinderung durch Schülergruppen (z. B. wegen Überfüllung); 4. Wunsch gegen institutionell bedingte Restriktionen;

5. Wunsch gegen eigene Unfähigkeit; 6. Wunsch gegen Lehrerunachtsamkeit (z. B. übersehen); 7. Wunsch gegen Umweltbegrenzung (z. B. weil etwas nicht möglich bzw. nicht vorhanden ist).

Wie weiter oben schon mehrfach angedeutet, sind die Anlässe aggressiver Erregung derartig vielfältig, dass man sie kaum systematisieren kann. Aber die sieben von Berk definierten Frustrationsquellen kommen und kamen in jedem Schulsystem in Vergangenheit, Gegenwart und Zukunft vor.

Nein – wir werden die Elterngewalt an dieser Stelle nicht vergessen. Eltern sind nicht nur gelegentlich an den aufwallenden aggressiven Erregungen im Schulsystem beteiligt, sondern sie setzen zunehmend auf Schädigungen der Lehrer – um die Schädigungen ihrer Sprösslinge zu vermeiden. Ein Zitat aus einem Artikel des gymnasialen Schulleiters Uwe Peter in der FAZ am 16. 5. 2002:

„Meine schwierigste Aufgabe als Schulleiter ist es, Lehrer vor den Angriffen der Eltern zu schützen, ihnen zu helfen, wenn sie kurz vor den Zeugnissen massiv unter Druck gesetzt werden, sie zu ermutigen, bei begründeten schlechten Noten nicht einzuknicken. ‚Wenn ich Sie mal alleine abends erwische, haue ich Ihnen eine rein!' Im näheren Umkreis sind schon mehrere Lehrer verprügelt worden, in einem Fall ist der Lehrer vom Vater des Schülers dabei festgehalten worden."
Und weiter: „‚Meine Mutter hat gesagt, ich soll mich wehren, wenn ich etwas machen soll, was ich nicht will', das hat mir einmal ein Dreizehnjähriger gesagt, als ich ihn damit beauftragte, die Reckstange abzubauen. Was ist schlimmer: wenn eine Kollegin in der Grundschule mit ‚Du alte Fotze!' tituliert wird oder wenn einem Lehrer Prügel angedroht werden?"

Einzelfälle – wohl kaum. Aber nicht für den Großteil der Eltern geltend, schon gar nicht gebilligt von den Elternverbänden. Aber beim Thema „Gewalt in der Schule" gehört die Elterngewalt dazu: Eltern die im Interesse ihrer Zöglinge blind um sich schlagen oder prozessieren. Ein Oberstudienrat im Jahre 2010 resignierte nach der x-ten Beschwerde von Eltern über eine schlechte Note in Englisch: „Ich gebe keine Fünfen mehr."

Solche Probleme werden nicht durch eine Änderung der Schulstruktur gelöst – wie auch immer diese aussieht: Der schlechte Schüler, der Schulversager (den es selbstredend auch in allen Gesamtschulsystemen der Welt gibt), muss in das Arbeitsleben integriert und gesellschaftlich anerkannt werden. Z. B. über die Ausgliederung von Produktionsschulen aus dem Schulsystem (vgl. Dänemark). Dann wissen auch Eltern, dass Schulnoten nicht über den Wert eines Menschen entscheiden.

Und: durch eine Objektivierung der Notenfindung – die Bewertung der mündlichen Mitarbeit, ein vollends inobjektives Verfahren, erweckt den Eindruck, als seien gute Noten von der Laune des Lehrers abhängig. Man müsse ihm nur genug drohen oder sich einschmeicheln, dann klappt das mit den guten Noten auch. Mit einer Verwendung objektiver Verfahren, deren Bewertung vom Lehrer unabhängig ist, würde sich die Lehrerschaft aus der Schusslinie des Elternunwillens nehmen. (Keine Sorge – dies wird nicht geschehen, weil auch Eltern objektive Leistungsmaße nicht mögen – die kann man ja nicht zum Guten beeinflussen …).

1.3.4 Erlaubte und unerlaubte Schädigungen der Mitschüler im Wettbewerb

Unsere Gesellschaft, unsere Schulen erzeugen zwangsläufig aggressive Erregungen und schädigendes Verhalten. Schulen, Lehrer, Eltern und Schüler können nicht „aus ihrer Haut heraus". Lediglich ein zivilisiertes Arrangement mit den unangenehmen Zwängen ist möglich. Bereits in der Definition, die dieser Darstellung zu Grunde liegt, wurde darauf hingewiesen, dass auch norm- und regelgerechte Schädigungen (z. B. im sportlichen Wettkampf, beim Gesellschaftsspiel) zu aggressiver Erregung und die wiederum mit einer gewissen Wahrscheinlichkeit zu weiteren Schädigungen führen kann.

Für die pädagogischen Kaffeekränzchen erscheint der regelgerechte Wettbewerb eine vernünftige Lösung von Konflikten und aggressiven Erregungen. Führt er doch nicht zu offenem schädigenden Verhalten und vor allen Dingen nicht zu körperlichen Auseinandersetzungen. Für viele Zeitgenossen ist der Verzicht auf körperliche Gewaltanwendung schon ein Fortschritt in der Prävention von Gewalt. Man darf an dieser Position Zweifel haben, weil das Problem der aggressiven Erregung nicht gelöst wird.

Ein besonders schönes Beispiel ist der Straßenverkehr. Wenn jede aggressive Erregung in der Blaufärbung des Gesichtes erkenntlich werden würde, dann würde man auf der Straße und am Steuer sehr viele Menschen mit einem blauen Gesicht sehen können. Und natürlich auch in der Schule. In der Abgeschiedenheit der Fahrerkabine toben sich aggressive Erregungen mit Verbalinjurien aus, kräftige Schimpfworte und Vorurteile gegenüber anderen Verkehrsteilnehmern werden freimütig geäußert. Man sieht, dass schädigendes Verhalten im Straßenverkehr offen verboten ist, dass also Normen deren Äußerung unterdrücken, dass sich aber die aggressive Erregungen einen Ausweg in juristisch nicht relevanter Form sucht. Die Rücksichtnahme auf andere Verkehrsteilnehmer, auch dann, wenn diese sich nicht ganz regelgerecht verhalten (z. B. zu langsam fahren), erzeugt Erregungen – die sich aus funktionalen Gründen nicht offen äußern dürfen. Die Gedanken sind frei – nicht aber die Reaktionen. Was muss also ein Heranwachsender lernen? Antwort: „Beherrsche Deine aggressiven Erregungen – lasse sie nicht schädigendes Verhalten werden."

Die gleiche Botschaft gälte es zu transportieren, wenn es um die Frustrationen des Wettbewerbs- und Leistungsprinzips geht. Jeder Wettbewerb, jedes Leistungsprinzip schafft Verlierer und also Menschen, die mit ihren Enttäuschungen beherrscht umgehen müssen. Die Wettbewerbsschädigung von Mitschülern und Mitmenschen ist eine gesellschaftlich erlaubte und geförderte Schädigung. Unsere Gesellschaft ist auf die Sublimierung und die Unterdrückung der offenen Gewalt angewiesen. Sie kann nicht auf Wettbewerb und die durch regelgerechte Organisationen erzeugten Frustrationen verzichten, geriete aber durch körperliche und verbale Gewalt in einen dysfunktionalen Zustand (deshalb das Gewaltmonopol des Staates). Die Erlaubnis zu sublimer, verdeckter Aggression (im Geheimen) ist quasi ein Ventil bzw. hat einen kompensatorischen Charakter. Frust ist weder im Straßenverkehr noch in der Leistungs- und Wettbewerbsgesellschaft zu vermeiden. Wir wollen Frustration und aggressive Erregung, weil wir Selektion nach Leistung und Wettbewerb wollen, weil wir im Interesse aller Normen durchsetzen müssen – deshalb muss schädigendes Verhalten unterdrückt werden bzw. in harmlose Auswege umgeleitet werden. Ein bitteres Analyseergebnis – aber nicht zu ändern. Und weil es bitter ist, wird es geheuchelt, verbrämt, kaschiert. Wir wollen uns alle gegen andere durchsetzen und deswegen andere schädigen (nein – nicht feindselig, wir wollen für *uns* ja nur das Beste) – also „schade, dass die anderen jetzt das Nachsehen haben". Aber wir sind ja nett zu ihnen. Ohne Unterdrückung von Frust, kein soziales Zusammenleben.

Der Präsident des FC Bayern München, Uli Hoeneß, hat im Frühjahr 2010 sinngemäß gesagt: „Es tut mir leid, wir sind am besten." Er gibt damit zu erkennen, dass die anderen Fußballvereine in der Bundesrepublik natürlich neidisch auf den besonders erfolgreichen Fußballclub Bayern München sein können. Typischerweise hält man die Erfolgreichen für arrogant und freut sich, wenn nicht alles so glatt geht wie bisher, wenn auch der Favorit und Überflieger einmal eine Niederlage einstecken muss.

Das Beispiel steht auch für zahlreiche Fälle, die im Schulalltag passieren können. Sehr gute Schüler, die zugleich auch noch beliebt sind, erwecken den Neid derjenigen, die nicht so gut sind, beziehungsweise sich erheblich anstrengen müssen, um vergleichbare Ergebnisse zu erreichen. Zumal nach Studien von Detlef Rost (mdl. Mitteilung Diehl 2010) die schulischen Hochleister (= gute Schüler) einen ordentlichen, aber nicht überragenden IQ von 115 IQ Punkten haben (eine Standardabweichung über dem Mittelwert), die tatsächlich Hochbegabten (IQ größer als 130 = zwei Standardabweichungen über dem Mittelwert) aber nur einen schulischen Notenschnitt von 2,3. Wie empörend, wenn man merkt, dass die eigentlich nicht so Schlauen in der Schule auch noch besser sind.

Die entscheidende Frage ist, wie das normgerechte Gewinnen *stilistisch* sozial verträglich ausgeführt wird. Man kann in der Tat die eigene Wettbewerbsteilnahme mit Ankündigungen über die eigene Überlegenheit begleiten, man kann sich anlässlich seines eigenen Gewinns und Triumphes über Gebühr und größenwahnsinnig freuen, man kann in der Stunde des Sieges den Verlierer völlig vergessen, ihn verachten, auslachen oder ihn mit negativer beschwörender Einrede („Gegen mich wirst Du niemals eine Chance haben") absichtlich in aggressive Erregung versetzen.

Es fällt nicht schwer, diese Verhaltensweisen auf den Schulalltag zu übertragen. Genauso wie vor und nach dem Boxkampf kann man sich vor und nach einer Klassenarbeit verhalten. Nach Rückgabe der Klassenarbeit kann man mit der guten Note „strunzen", d. h. sich über Gebühr freuen, damit diejenigen, die eine schlechte Note haben, sich besonders ärgern.

Ein Beispiel: In den 1950er und 1960er Jahren waren Jubelfeiern anlässlich der Verleihung der Abiturzeugnisse ungewöhnlich. Die Abiturzeugnisse wurden bei einer Feier in der Aula verteilt und ein Abiturientensprecher hielt eine kurze Rede, ebenso wie der Direktor. Zwar trug man Anzüge oder Kostüme, aber eine öffentliche Zurschaustellung, so wie heute, war damals verpönt. Man wollte niemandem Anlass zum Neid geben. Aktuelle Abiturfeiern entsprechen nicht dem Ideal einer stilvollen Freude über den eigenen Erfolg, sondern sind arrogante Show-Veranstaltungen mit der Botschaft: „Seht her – jetzt gehöre ich zu den Besseren."

Beliebte Wettkampfstrategien zur Erzeugung von aggressiver Erregung bei anderen sind auch Diskussionen über die Erwartungen des Ausgangs von Leistungsprüfungen. So kann man Mitschülern mit absichtlichen Fehlinformationen („Ich bereite mich gar nicht auf die Arbeit vor") in die Irre leiten, wenn man selbst stundenlang übt, ohne diese Tatsache den anderen mitzuteilen. Man verändert auf diese Art und Weise die informellen Normen über den nötigen Fleiß und schädigt damit seine Mitschüler, die an die Verlautbarungen über die Vorbereitung glauben. Auch das Äußern übertriebener Ängste („Ich habe unglaubliche Angst vor dem Test") vor einer Prüfung kann zur Desinformation der Mitbewerber führen. Die denken: „Wenn der gute Schüler schon Angst hat, was muss ich als durchschnittlicher Schüler dann fühlen?"

Beim Reden über Leistungen sind auch Informationen über den eigenen Anspruch schädigendes Verhalten, auch wenn dieses ehrlich gemeint ist. So kann ein herausragender Schüler sagen: „Also mit einer Drei brauche ich gar nicht nach Hause zu kommen"; oder: „Ich glaube, wenn ich in einer Klassenarbeit mal nicht eine Zwei habe, dann würde ich mich schämen" – ein Affront gegen Mitschülern und Mitschülerinnen, die schulische Probleme haben und sich über Dreien oder Vieren freuen müssen.

Die erfolgreichen Strategien der Demoralisierung von Mitbewerbern sind dem Sport und dem Wirtschaftsleben abzuschauen. Wer genau hinsieht, entdeckt ähnliche Strategien der Imagebildung und Entmutigung auch in der Schule. Weiter unten werden diese Fälle noch einmal als Sieger- und Verliererkultur angesprochen.

Es kann natürlich sein, dass die o. g. Beispiele absichtlich als Schädigung der Mitbewerber eingesetzt werden – dann wäre es intentional schädigendes Verhalten. Oft aber werden diese Verhaltensweisen so nicht eingesetzt. „Wieso darf ich mich nicht freuen?" wird man gefragt.

Man darf beim regulierten Wettbewerb die Rolle der Lehrer und der Eltern bei den schädigenden Verhaltensweisen nicht vergessen. Früher gaben Lehrer beispielsweise die Klassenarbeiten in der Reihenfolge der Noten aus: die „Sehr guten" zuerst und die „Fünfen" und „Sechsen" am Ende. Das konnte zu einer unerträglichen Blamage der schlechten Schüler führen. Überhaupt ist die öffentliche Ausgabe der Ergebnisse von Klassenarbeiten bzw. der Noten von Prüfungen immer auch eine Bloßstellung der Schlechten.

Auch die verbale Begleitung bei der Rückgabe von Klassenarbeiten oder der Leistungsrückmeldungen ist anfällig für Formulierungen, die aggressive Erregungen auslösen können. Hin und wieder wirken auch tröstende Worte an jene, die schlechte Leistungen gezeigt haben, wie auswendig gelernt und nicht authentisch. Und verfehlen folglich ihren tröstenden Zweck. Hier lohnt es sich, je nach Schulform und Lehrkraft eine allseits akzeptierte Regelung zu finden. Auch die laufenden fachlichen Rückmeldungen bei mündlicher Beteiligung im Unterricht sind anfällig für problematische, kränkende Formulierungen, die aggressive Erregungen auslösen können.

Manche Schulen hängen am schwarzen Brett Hitparaden der Durchschnittsnoten von Schülern aus. Auch hier ist zu fragen, welchen Effekt man sich von einer derartigen öffentlichen Bekanntgabe erwartet. Solche Art von Praxis erinnert an amerikanische Hamburger-Ketten, die den „Mitarbeiter des Monats" küren. Wettbewerbe motivieren nur eine Minderheit: die ersten drei bis vier strengen sich an – wer ohnehin der 25. ist, rechnet sich nie mehr eine Chance auf den ersten Platz aus. Wieso soll es ihn motivieren, vom 25. auf den 23. Platz zu gelangen? Und irgendeinen anderen dorthin zu schieben?

Wie Lehrer mit Leistungsrückmeldungen und deren Veröffentlichung umgehen, ist eine *stilistische* Frage. Es geht hier nicht darum, Leistungsrückmeldungen zu unterbinden, sondern sie in einer Form zu gestalten, die allseits akzeptiert ist. Hierzu ist auch die Meinung der Schüler und Eltern einzuholen, mit denen man sich auf bestimmte Formen der Leistungsrückmeldung einigen kann.

Dass manchmal vermeintlich „brutale" Formen der Leistungsrückmeldung von Schülern leichter akzeptiert werden als solche, die vor lauter Mitleid und Unehrlichkeit triefen, zeigen Beispiele aus der Hochschule. Ein weltbekannter Fotograf und Professor der Universität Essen hatte sich einen Stempel mit dem Text „Scheiße" anfertigen lassen. Den knallte er auf alle Fotos, die seinen Kriterien nicht entsprachen – nahezu jeder Student war stolz darauf, mindestens eines der solchermaßen gestempelten Fotos zu besitzen. Andererseits: eine Pädagogikprofessorin holte die Prüflinge nach der Beratung über die Note ins Zimmer und statt einer kurzen Mitteilung „Sie haben mit der Note 3 bestanden. Herzlichen Glückwunsch" begann sie: „Nun setzen Sie sich mal erst hin, Sie haben ja gemerkt, dass es nicht so ganz gut gelaufen ist, obwohl ja einiges durchaus akzeptabel war. Sie hatten heute sicher nicht ihren besten Tag und ich muss ganz ehrlich sagen, ich war ein bisschen enttäuscht, denn im Seminar hatte ich aus den Diskussionen einen wesentlich besseren Eindruck von Ihnen gehabt, aber vieles was sie sicher ganz gut können, war heute keineswegs glanzvoll ..." etc. pp. Inzwischen weinte die Kandidatin und die 3, die natürlich nicht ihren Erwartungen, aber auch nicht den abwertenden Sätzen der Professorin entsprach, konnte sie auch nicht mehr trösten.

Auch die Rolle der Eltern muss in diesem Zusammenhang thematisiert werden. Es gibt Eltern, die ihren Sohn oder ihre Tochter jeden Nachmittag fragen, welche Noten die anderen Schüler und Schülerinnen bekommen haben. Sie zeigen damit, wie wichtig ihnen die relative Position des Schülers im Klassenverband ist. Es ist denkbar, dass sich Schüler durch diese eindimensionale Bewertung durch Lehrer, Mitschüler und dann auch noch Eltern gekränkt fühlen, zumal wenn sie mit ihrer durchschnittlichen oder leicht unterdurchschnittlichen relativen Position selber zufrieden sein sollten.

Durch die Einführung des „erweiterten Selbst" als Ziel schädigenden Verhaltens von Mitschülern, Lehrern und Eltern sind viele Gegenstände als Schädigungsobjekte in den Blick genommen worden. Auch die Kritik an Musik- oder Malereigeschmack, an Kleidung, an äußerem Aussehen, an religiösen oder politischen Überzeugungen kann vom Individuum als Kränkung empfunden werden und eine aggressive Erregungen auslösen.

Es ist ebenfalls denkbar, dass Schüler und Schülerinnen ein gutes Image bei ihren Lehrern und bei ihren Mitschülern haben möchte, mithin dass sie an einem positiven Leumund im sozialen Gefüge der Schule interessiert sind. Alles, was ihren guten Leumund gefährden kann, würde dann als Beschädigung empfunden werden und eine aggressive Erregung auslösen können

Das schädigende Verhalten kann nicht nur in der üblen Nachrede oder in einem direkten Angriff verbaler oder körperlicher Art bestehen. Man würde in diesem Fall von einer positiven (d. h. gesetzten) Bestrafung in Analogie zu den operanten Lerntheorien sprechen. Auch durch das Vorenthalten von Lob oder von Vorteilen kann eine Schädigung entstehen. Wer einem Mitschüler die Anerkennung verweigert, schädigt sein Gegenüber. Auch durch Ignorieren und Übersehen kann ein Mitmensch geschädigt werden. Er kann sich abgelehnt oder auch diskriminiert fühlen dadurch, dass ihn niemand wirklich wahrnimmt und mit ihm in eine Interaktion tritt. Dies ist häufig der Fall bei zwar politisch korrektem Verhalten gegenüber Ausländern, denen man sich aber interaktiv kaum nähert. Sie fühlen sich auf diese Art und Weise, obwohl sie nicht aggressiv diskriminiert werden, doch als nicht zugehörig.

Der bösartigen Fantasie bei der Schädigung seiner Mitmenschen sind auch bei Schülern keine Grenzen gesetzt: man kann z. B. eine anerkennenswerte Leistung eines Mitschülers durch Abwertung der Leistung oder durch Ablenken schmälern. Man kann in dem Augenblick, wo ein Mitschüler in Mathematik eine „Zwei" bekommt, von der „Eins" eines anderen Mitschülers im Englischen schwärmen. Man kann eine außergewöhnliche Leistung achselzuckend zur Kenntnis nehmen und die durchschnittliche Leistung eines anderen, den man gut leiden kann, über Gebühr loben. Man kann jederzeit die Maßstäbe verschieben und die Leistungen schmälern, die das Gegenüber gut kann, und die für besonders wichtig halten, die er nicht kann. Man kann jemanden dadurch anerkennen, dass man ihn zu seinem Geburtstag einlädt – man kann ihn in aggressive Erregung versetzen, indem man ihn nicht zu seinem Geburtstag einlädt.

Interessant ist die Existenz eines präaktionalen Schädigungsrepertoires. Darunter soll hier all das verstanden werden, was man unter

"Drohgebärden" zusammenfassen könnte. Eine effektive Drohung kann eine tatsächliche Beleidigung oder körperliche Verletzung verhindern, insofern sie dem bedrohten Subjekt seinen Willen aufzwingt und es tut, was man von ihm will. Drohungen können allerdings beim Gegenüber eine aggressive Erregung auslösen. Hin und wieder nehmen Drohungen auch die Form der Darlegung von möglichen Konsequenzen für unterschiedliche Verhaltensweisen ein.

Zum besseren Verständnis schädigender Verhaltensweisen ist es notwendig zu verstehen, dass Schüler und Schülerinnen unbewusst und manchmal blitzartig auch eine Nutzen-Kosten-Kalkulation aggressiver Vorhaben durchführen. Wenn klar ist, dass das Gegenüber wesentlich schwächer ist, kann man schnell erkennen, dass ein körperlicher Einsatz erfolgreich sein kann. Die Empörung, die man hin und wieder hört, dass jemand „einen Schwächeren" geschlagen hat und dass dies besonders verwerflich sei, ist eigentlich nur das schlichte Ergebnis einer Nutzen-Kosten-Kalkulation. In einem solchen Fall ist der Nutzen einer körperlichen Aggressionen evident (Wer wollte einen deutlich stärkeren Menschen körperlich angreifen, wo die Niederlage unausweichlich wäre?). Auch bei anderen schädigenden Verhaltensweisen muss die eigene Kompetenz, das Gegenüber schädigen zu können, kalkuliert werden. Bin ich schlagfertig genug? Fallen mir wirksame verbale Beleidigungen ein? Es muss antizipiert werden können, wie der Angegriffene reagiert. Es ist ja denkbar, dass er sich durch die geplante Maßnahme nicht wirklich geschädigt fühlt, d. h. der Angreifer muss so etwas wie eine Wirkungserwartung und eine Effektkalkulation durchführen.

Auch ist die Erwartung von möglichen sofortigen und langfristigen Folgen der Gegenwehr zu kalkulieren. Dabei käme es nicht nur auf die körperliche Stärke des Gegenübers an, sondern auch auf seine sonstigen Möglichkeiten, sich für eine Schädigung zu rächen: Ein Mitschüler kann gute Beziehungen zu anderen Schülern haben, die stärker als er selbst sind, er kann über seine Eltern Beziehung zu den eigenen Eltern haben. Über diesen Kommunikationskanal könnte der Angreifer angeschwärzt werden etc. Schließlich: „Man sieht sich immer zwei Mal"; was, wenn der andere mir in vielen Jahren mal helfen könnte und er sich erinnert, dass ich ihn gedemütigt habe?

Wenn klar sein sollte, dass der anzugreifende Mitschüler über genügend Ressourcen verfügt, den eigenen Angriff abzuschlagen, können auch weitreichendere Überlegungen und verdeckte Methoden der Schädigung überlegt werden. Wer physisch und verbal schwach ist, muss sich mit anderen verbünden (eine Gang gründen). Er kann sich auch einen stärkeren Verbündeten suchen und mit diesem die Rache ausüben. Wer auch dazu nicht in der Lage ist, muss sich überlegen, ob er Gerüchte und Verleumdungen anonym in die Welt setzt. Oder ins Internet. Oder – wie das offenbar einige Amokläufer gemacht haben – er besorgt sich Waffen und wird dadurch (künstlich) stärker und gefährlicher.

Wichtig ist, zwecks Prävention daran zu denken, dass es viele Umwege gibt, ein Unvermögen zur verbalen oder körperlichen Aggression zu kompensieren. Die Kompensationsmöglichkeiten sind keineswegs „besser", sondern sie zeigen nur, welche Vielfalt an Beschädigungsmöglichkeiten dem Individuum zur Verfügung steht. Manchmal, dieser Gedanke drängt sich auf, ist ein körperliches Raufen besser als die gefährlichen Umwege zur Befriedigung von Rachegelüsten.

Daraus ergeben sich auch Präventionsmöglichkeiten: Man kann die Aggressionsneigung zu schädigendem Verhalten auch dadurch minimieren, dass man auf die möglichen Spätfolgen und Gegenwehrmöglichkeiten der in Aussicht genommenen Schädigung hinweist bzw. darüber eine bewusste Reflexion herbeiführt.

Tatsache ist allerdings, das hat die Aggressionsforschung empirisch gezeigt, dass viele Täter nicht an die möglichen Folgen ihrer körperlichen oder verbalen Aggression denken. Im Zustand der aggressiven Erregung wird das Individuum oft blind für eine rationale und nüchterne Kalkulation der Folgen seines Verhaltens. Einsitzende Jugendliche, die wegen einschlägiger Delikte verurteilt worden sind, sagen oft, dass sie durch ihre aggressive Erregung wie von Sinnen waren und an die Folgen ihres Verhaltens nicht mehr gedacht haben. Auch hier käme es darauf an, die intrapersonale Kontrolle der aggressiven Erregungen zu erreichen.

„Petzen" nannte man früher die Möglichkeit, bei Streitereien mit Schülern den Lehrer oder andere Autoritäten einzuschalten. Auch davon wird heute noch immer weidlich Gebrauch gemacht. Es ist insbesondere eine Schädigungs-Strategie, die nach einem scheinbar unberechtigten Angriff eingeschlagen wird. Auch die Neigung vieler Eltern, bei Streitereien ihres Nachwuchses mit anderen Schülern den juristischen Weg der Klärung zu beschreiten, würde zu dieser mittelbaren Schädigung des Gegenübers zählen. Sind diese Reaktionen schlecht? Nein – nicht unbedingt. Es kommt hier nur darauf an, die Aggressions- und Gewaltdynamik in der Schule richtig und komplex zu verstehen. Dann, so die Hoffnung, fallen einem noch mehr wirksame Präventionsmöglichkeiten als bisher ein.

1.4 Wie gewalttätig ist der heutige Schüler? Und die Lehrer? Und die Medien? Und die Gesellschaft?

Man will natürlich aus reiner Neugierde wissen, ob unsere Schüler aggressiver oder gewalttätiger sind als Schüler früher oder in anderen Ländern. Oder man will es aus politischen Gründen wissen: Muss ein runder Tisch oder ein eckiger her, ein neues Gesetz, Polizisten auf den Schulhof, mehr Sozialarbeiter oder Schulpsychologen, strengere oder verständnisvollere Strafen für die Schüler? Eigentlich nutzen solche Informationen außer für den medialen Wirbel nichts. Nach den Amokläufen (Ludwigshafen 2010, Ansbach 2009, Binghamton 2009, Winnenden 2009, Alabama 2009, Dendermonde, 2009, Kauhajoki 2008, Jokela 2007, Virginia 2007, Salt Lake City und Philadelphia 2007, Emsdetten 2006, Pennsylvania 2006, Redlake 2005, Erfurt 2002, Nanterre 2002, Zug 2001, Osaka 2001, Littleton 1999, Jonesboro 1998, Brasilien 1997, Tasmanien 1996, Dunblane 1996, Toulon 1995, Killeen 1991, Montreal 1989, Kalifornien 1984, Universität Texas 1966, Volkhoven 1964 etc.) ist der Druck auf alle groß, etwas zu tun – bis der nächste Amoklauf geschieht. Und dann klagen wieder alle, „dass nichts geschieht".

Weite Definitionen von Aggression haben den Nachteil, dass sie auch erlaubte bzw. gewünschte Formen der aggressiven Erregung und des schädigenden Verhaltens erfassen. Dann wird der Vergleich mit allerlei Bezugsnormen für die Gewalt- und Kriminalitätsentwicklung schwierig. Aggressive Emotionen sind früher empirisch nie erfasst worden – schwere Gewaltkriminalität natürlich schon. Dunkelziffern und ein Wandel in der Rechtsprechung bzw. internationale Unterschiede erschweren aber die sichere Beurteilung. Aggressives und gewalttätiges Verhalten ist nicht immer kriminell. Nicht nur, dass lediglich ein Teil entdeckt wird: nur ein Teil davon ist kriminell und gerät mit den Gesetzen in Konflikt.

Während die Kriminalitätsraten von Jugendlichen weiterhin steigen, gibt es zur Verbreitung von Aggressivität und Gewalt unterhalb der Kriminalitätsschwelle einige Widersprüche zu berichten. Praktiker behaupten etwa, Gewalt habe deutlich zugenommen – wissenschaftliche Zeitwandelstudien hin und wieder nicht. Die Zunahme an Raufunfällen an Hauptschulen ist z. B. eindeutig in den letzten 15 Jahren gesunken. Allerdings berichteten etwa im Jahre 2009 Praktiker aus Berliner Schulen alarmierend von einer Zunahme des Pöbelns, Tretens und Schlagens. In jedem vierten Fall seien Lehrer das Opfer von Schüleraggressivität und Gewalt (Meldung der *Berliner Zeitung*, 2009).

Je nachdem, wann man den Vergleichszeitpunkt in der Vergangenheit legt (z. B. im 19. Jahrhundert), entdeckt man historisch eine dramatischere Gewalttätigkeit, sowohl in den USA wie auch in Deutschland (*Allgemeine deutsche Lehrerzeitung*, 1889). Dort wird etwa von einem Jungen berichtet, den seine Lehrerin züchtigen wollte. Er setzte sich zur Wehr, warf die Frau zu Boden und trampelte auf ihr herum. Die Lehrerin erlitt einen Blutsturz und starb nach fünf Minuten.

Wie Bliesener (2008, a, b, c) und Lösel u. a. (1999, 2003) belegen, nehmen allerdings angezeigte Aggressivitäts- und Gewalttaten deutlich zu. 1996 gab es etwa in Nordrhein-Westfalen bei den 14- bis 17-Jährigen 21 000 Anklagen wegen gefährlicher Körperverletzung. Im Jahre 2006 dann aber schon 35 000, also eine Zunahme von 63 %. Umfragen mit subjektiven Einschätzungen zeigen allerdings eine geringfügige Abnahme der Wahrnehmung von Streit bei Schülern (Mansel, 1995). So antworten auf die Frage „In unserer Klasse gibt es viel Streit?" 1983 66 % und 1996 55 % mit ja. Die Untersuchung fand als orts- und methodenidentische Replikation statt (Ridder & Dollase, 1999). Tillmann (1997) vergleicht Daten aus Brusten/Hurrellmann (1972) mit Daten von Holtappels, Meier und Tillmann (1995) und findet nur eine geringfügige Zunahme der selbst berichteten Gewalt.

Im internationalen Vergleich taucht Deutschland unter den 15 Nationen, in denen die meisten Morde, gefährliche Körperverletzung und Raubüberfälle registriert werden, nach einer Untersuchung von McGuire (2008) nicht auf. Stattdessen die wegen ihrer vorbildlichen Schul- und Integrationspolitik gerühmten Staaten Kanada und Dänemark sowohl bei Mord, bei gefährlichen Körperverletzungen als auch bei Raubüberfällen (McGuire, 2008).

Man kann ernsthafte Zweifel daran haben, dass die Welt früher friedlicher war. Man braucht gar nicht an das „Dritte Reich" zu denken, sondern auch in der sogenannten „guten alten Zeit" gab es gerade von Seiten der Schuljugend hin und wieder Anlass zur Androhung von Strafen (vgl. Schiffler und Winkeler, 1985). Die Prügelstrafe – das haben wohl viele vergessen – ist je nach Bundesland erst Ende der 1960er Anfang der 1970er Jahre verboten worden. Prügeln von Kinder erhöht das Risiko, dass Kinder gewalttätiger werden. Und sie waren es auch, z.B. in den 1950er Jahren (bei den sog. Halbstarkenkrawallen).

Mir stehen aufgrund der Tatsache, dass ich schon in den frühen 1970er Jahren in Grundschulen, Kindergärten und Hauptschulen Studien durchgeführt habe und diese am Ende der 1990er Jahre in denselben Schulen und Kindergärten wiederholen konnte, einige Daten zur Verfügung, die diesen Zeitwandel von Aggressivität und Gewalt ein wenig beleuchten können (Dollase, 2000b).

Kurz gefasst kann man Folgendes feststellen: Die Frequenz körperlicher Auseinandersetzungen scheint nicht gestiegen zu sein, wohl aber die Empfindlichkeit der heutigen Kinder und Jugendlichen gegenüber verbalen Beschimpfungen. Auch leiden heutige Grundschulkinder stärker und häufiger an der Gruppe – sie fühlen sich dort weniger akzeptiert, glauben, dass man sie dort nicht leiden kann etc. Das Leiden an der Gruppe, das früher keineswegs so stark war, ist möglicherweise auch dem Umstand geschuldet, dass die heutige moderne Pädagogik Schüler und Schülerinnen mit Gewalt in die Selbständigkeit, in die Teamarbeit und Kooperation mit Gleichrangigen hineintreibt und das natürliche Bedürfnis nach Anlehnung und Beziehung zu Erwachsenen dadurch frustriert. Kinder brauchen bis in die Pubertät und eigentlich auch danach noch einen deutlichen und ausreichenden Kontakt zu erwachsenen Bezugspersonen. Halten wir fest: Heutige Kinder und Jugendliche sind konflikt- und streitempfindlicher als früher – die manifeste Gewalt ist im Verlaufe der letzten 30 Jahre eher nicht gestiegen.

Wie gewalttätig ist der heutige Schüler?

Andererseits – das konnte allerdings nur bei Kindergartenkindern nachgewiesen werden – wurde 1971 eine höhere Aggressivität bei kleinen Kinder für „normal" gehalten als 1997– obwohl sie damals für genauso aggressiv wie heute gehalten wurden (es wurden drei Bewertungen erhoben: die des Kindes real, ein hypothetisches, optimal gefördertes Kind und ein hypothetisch „normal" gefördertes Kind). Kinder damals hatten also erwachsene Erzieherinnen, die ihre Aggressivität mit deutlich größerer Nachsicht betrachteten. Wir heute sind offenbar anspruchsvoller bezüglich Friedlichkeit geworden.

Von Schütz, Todt und Busch (2002) stammt eine Zusammenstellung von Aggressivitäts- und Gewaltstudien zwischen 1990 und 2000. Maximal 10 % der Jungen und 3 % der Mädchen geben das Ausüben physischer Aggression als „oft" oder „sehr oft" zu. Bei verbaler Aggression lauten die Prozentsätze 16 % bzw. 9 %. Viel oder wenig? Wer jede Aggression für schlimm hält, wird auch die Zahlen schlimm finden. Andere werden darauf hinweisen, dass nach diesen Zahlen über 90 % der Kinder und Jugendlichen „nicht oft" tätlich werden. Müßig über den Sensationswert dieser Zahlen zu streiten.

Andere Studien – andere Zahlen. In einer eigenen Studie in NRW (N = 7800; 5. bis 10. Klassen aller Schulformen) sind es rund 50 % der Schüler, die angeben, sich nie mit einem Mitschüler geprügelt zu haben – mit Ausnahme der 7. Klasse („Pubertätsklasse"), dort sind es nur 38 %. Rund 7 bis 10 % (7. Schuljahr: 15 %) haben sich „6 Mal und mehr" geprügelt. Ähnliches gibt es auch in der kriminologischen Forschung zu berichten: Lösel, Bliesener und Averbeck (1999) finden für die Delinquenzraten von Schülern, dass diese und auch ihr Ansteigen im Zeitverlauf auf eine besondere Multiproblemgruppe von sehr aktiven Tätern zurückgeht. In der eigenen Studie halten sich zwischen 22 % und 40 % der Schüler (im Schnitt: 26 %) für „streitlustig" – aber rund 70 % wehren sich und lassen sich nichts gefallen. Und nur ein Drittel „gibt in einem Streit meist nach". Die Wortwahl der Fragen ist wie immer entscheidend für die Prozentsätze, die man erhält.

Eine gigantisch große Stichprobe ist in dem Kinder- und Jugendgesundheitssurvey zwischen 2003 und 2006 befragt worden (KiGGS). 6619 Kinder und Jugendliche zwischen 11 und 17 Jahren beantworteten Fragen zu ihren Gewalterfahrungen als Opfer und/oder Täter (Schlack, Hölling, Petermann, 2009). Die Chance, eine Täter-Rolle einzunehmen, erhöht sich für die Faktoren männliches Geschlecht, instrumentelle und expressive Gewalteinstellungen sowie Hauptschulhintergrund. Jungen sind allerdings auch öfter Opfer. Der „familiäre Zusammenhalt" erweist sich als protektiver Faktor. Ein komplexes Modell klärte allerdings „nur" 29,8 % der Varianz auf – viele Studien klären weniger auf.

Subjektive Umfragedaten oder Kriminalstatistiken eignen sich nur für einen spezifischen Wettstreit um die Höhe, das Mehr oder Weniger von quantifizierten Phänomenen in Abhängigkeit von irgendwelchen sozialen Faktoren. Vor Ort, in der Praxis haben nomothetische Aussagen keinen Sinn: sie dürfen nicht auf den Einzelfall übertragen werden, falls doch, nennt man das einen ökologischen Fehlschluss. Allgemeine Aussagen (über Männer und Frauen, über Alte und Junge, über Inländer und Ausländer) auf den einzelnen Fall zu übertragen wäre nichts anderes als ein wissenschaftlich verbrämtes Vorurteil oder Klischee. Die Praxis will – ob in der Grundgesamtheit viel oder wenig davon auftritt ist egal – wissen, wie man mit Gewalt umgeht und sie vermindert.

Umfragedaten enthalten oft nur Aussagen zu selbst zugestandenem Schädigungsverhalten – zumeist geht es nur um körperliche und verbale Angriffe, manchmal noch um Gewalt gegen Sachen bzw. um relationale Aggression. Wollte man wissen, wie viele Schüler, Eltern oder Lehrer „aggressive Erregungen" erleben, so würde ich tippen, dass dies alle Menschen jeden Tag erleben. Nimmt man bezüglich des Schädigungsverhaltens auch Angriffe auf das „erweiterte Selbst" (z. B. alltagskulturelle Kritik an Kultur und Meinung der Zeitgenossen) hinzu, sähe man sicher fast alle Mitmenschen als Auslöser von aggressiven Erregungen auf der Anklagebank. Aggression ist also etwas ganz Normales – nur bestimmte schwere Formen werden pathologisiert und kriminalisiert.

2

Die Analyse von Aggression und Gewalt

2.1 Bedienungsanleitung für wissenschaftliche Aussagen

Es gibt ein sicheres und nicht mehr „hintergehbares" (ein Begriff von Karl Otto Hondrich) Resultat der aktuellen Aggressions- und Gewaltforschung: Keine Theorie kann alles erklären, mehrere zusammen auch nicht vollständig, keine empirische Untersuchung erklärt alles und keine Maßnahme gegen Aggression und Gewalt hilft in allen Fällen, kein auch noch so „erfolgreich" evaluiertes Programm alleine erreicht alles, was es will. Denn: Alle wissenschaftlichen, praxisrelevanten Aussagen sind nur probabilistischer Natur, d.h. nur als Wahrscheinlichkeitsaussagen möglich. Es gibt keine Regel, keine Empfehlung, die in *jedem* Fall hilft, in *jedem* Fall Aggression verhindert oder Gewalt unmöglich macht.

Auf die Grenzen der Wissenschaft hinzuweisen, gilt heute als nicht opportun. Zu stark hat sich die öffentliche Meinung daran gewöhnt, dass die wesentlichen Probleme des Lebens durch Wissenschaft gelöst werden können, als dass Zweifel erlaubt wären. In Wirklichkeit stehen die human- und sozialwissenschaftlichen Erkenntnisse nur als grobe Näherungslösungen für die Probleme der Realität zur Verfügung. Die probabilistischen Aussagen der Sozialwissenschaften produzieren in vielen Praxis-Fällen mehr Flops als Treffer. Wenn eine Maßnahme x in 10 von 100 Fällen wirksam ist, so verkündet die Wissenschaft (abhängig von der Größe der Stichprobe) ein „signifikantes" Resultat – aber in 90 Fällen der Praxis funktioniert es nicht. Die Varianz des tatsächlichen Geschehens wird auch durch Berücksichtigung vieler Ursachenfaktoren kaum stärker als zu 50% aufgeklärt. Auf solch unsicheren Grundlagen weit reichende politische und pädagogische Empfehlungen basieren zu lassen, ist ein großes Risiko (Dollase, 1984, 1985). Ein sicheres Ergebnis der empirischen Erforschung ist, positiv formuliert, dass die Unsicherheit sicherer geworden ist und die Sicherheit unsicherer.

Der Grund für dieses sichere Ergebnis ist das multifaktorielle Grundmodell (vergleiche Albrecht 2002, Dollase 1985), welches sich am Ende langer Forschungsjahrzehnte in allen Phänomenbereichen herstellt: Es gilt bei Aggression genauso wie bei Hyperaktivität. Das Modell besagt, dass alles viele Ursachen hat, ein einzelner Faktor erklärt so gut wie nichts. Die vielen Ursachen stehen miteinander in Wechselwirkung und erzeugen multiple, dynamische Kausalstrukturen. Die Anfangsursachen und Fortbestehensursachen von Aggression und Gewalt können verschieden sein, es taucht Equifinalität (verschiedene Ursachen haben die gleiche Folge) und Multifinalität (gleiche Ursachen haben verschiedene Folgen) auf (Albrecht, 2002; Dollase, 1985).

Schließlich liegen die Ursachen auf „verschiedenen Ebenen" (zum nichtssagenden „Ebenen"-Begriff s. u.). Sie können gesellschaftlicher, organisatorischer, soziologischer, psychologischer Art sein und die Akteure – die potentiellen Gewalt- und Aggressionstäter – sind nicht passiv, sondern aktiv und sind zu Schlüssen und Verhaltensweisen fähig, die durch äußere Faktoren nicht vorausgesagt werden können.

Die Folgen dieses wissenschaftlich natürlich unbefriedigenden Ergebnisses der multifaktoriellen Determiniertheit sind für politisch und pädagogisch klare Aussagen nicht unbedingt günstig: Die Aussagen der

Wissenschaft müssen stark differenziert werden und führen geradewegs in das sogenannte Differenzierungsdilemma, d. h., vor lauter Differenzierung der Bedingungen, unter denen ungünstigerweise Aggressivität oder Gewalt auftreten kann, wird alles so unübersichtlich, dass eine klare Handlungsweise nicht eindeutig ableitbar ist. Das Differenzierungsdilemma lähmt den Entwurf von Handlungen. Als Beispiel sei auf eine Grafik aus dem Buch von Henschel *Die wirrsten Grafiken der Welt* (2003) hingewiesen, in der rund 200 der gefühlten rund 1000 Faktoren, die Aggressivität erzeugen, zusammengefasst worden sind und die keinerlei klare Aussage mehr erlaubt, auch keine systematische. Man kann solche Entwicklungsstände der soziologischen und psychologischen Wissenschaften auch nicht mit der Biochemie vergleichen, in der es ja eine noch höhere Komplexität gibt, da die humanwissenschaftlich relevanten Faktoren miteinander in einem dynamischen, probabilistischen Kausalnetz miteinander verbunden sind, also bestenfalls vage Zusammenhänge erkenntbar machen.

Es ist deshalb hin und wieder in der Wissenschaft diskutiert worden, ob der Zugang zu den Problemen von Aggression und Gewalt (genauso wie zu allen anderen Problemverhaltensweisen) nicht im Ansatz falsch ist. Das multifaktorielle Modell ist nämlich das Ergebnis eines variablentheoretischen Vorgehens. Ein variablentheoretisches Modell würde etwa – nehmen wir das Beispiel einer zerstörten Telefonzelle (nach Hans Werbik), also Gewalt gegen Sachen – die zerstörte Telefonzelle durch variable Größen/Faktoren erklären, z. B. durch Geschlecht, durch Alter, durch sozialen Status. Es gäbe auch noch eine andere Möglichkeit, die Zerstörung eines Telefonhäuschen zu untersuchen: Man könnte einzelne Fälle im Interview mit den betroffenen Tätern rekonstruieren. Man würde dann Aussagen bekommen, wie die folgenden: „Hans verlangte von Olaf eine Mutprobe, beide waren angetrunken und Olaf hat sich nach kurzem Zögern dazu entschlossen, die Tür zum Telefonhäuschen einzutreten."

Im ersten Fall hätte man relativ abstrakte Variablen, im zweiten Fall handlungstheoretisch interessante Details: Alkoholkonsum kann eine Rolle spielen, Mutproben, die der eine vom anderen verlangt etc. Rund 90 % der Aggressions- und Gewaltforschung versteht sich variablentheoretisch und nur ganz wenige Arbeiten als qualitativ handlungstheoretisch (Werbik, 1978; Straub & Werbik, 1999). Meist sind in solchen

Arbeiten Videorekorder notwendig, mit denen aggressives Verhalten zufällig oder auch geplant untersucht wird und das dann nachträglich in aufwendigen Prozeduren auf Regelmäßigkeiten und Gesetzmäßigkeiten hin analysiert wird. Eine bekannte Arbeit stammt von Mario von Cranach aus dem Jahre 1982, der etwa bei der Aufzeichnung des Freispiels in Kindergärten herausgefunden hat, dass die Sieger aggressiver Auseinandersetzungen, im Unterschied zu den Verlierern, über die Fähigkeit zu protestieren und zu drohen verfügen (s. o.).

Im variablentheoretischen Kosmos der Forschung kommt es darauf an, die Zahlenangaben der Forschung richtig zu interpretieren. Behauptungen, dass ein Befund „signifikant" sei, heißt zunächst einmal für praktische und politische Zwecke nichts. Denn auch sehr schwache Effekte können signifikant sein – signifikant heißt nicht relevant.

Ein zweiter häufig auftauchender Begriff sind „Korrelationen", z. B. zwischen elterlichem Erziehungsstil und der Häufigkeit aggressiven Verhaltens in der Schule. Korrelationen sind Zahlen von 0,0 bis 1,0 und sie geben die Stärke von Regelmäßigkeiten an. Je schlechter der Erziehungsstil der Eltern, desto häufiger die Aggression in der Schule. Eine Korrelation von 0,30 (z. B. zwischen Warmherzigkeit des Erziehungsstils und der Aggressivität) heißt, dass es immer noch eine Menge Ausnahmen von dieser Regel gibt. Ins Quadrat erhoben gibt der Korrelationskoeffizient (r) an, wie viel Prozent der Varianz erklärt wird. Also im Beispiel: 9 % (0,3 mal 0,3 mal 100). Die Varianz ist geometrisch ein Durchschnittsquadrat. Es wird gebildet aus den quadrierten Abweichungen aller Beobachtungen vom Mittelwert dividiert durch die Zahl der Beobachtungen. Von dieser Größe werden gerade mal 9 % „erklärt", d. h. sie gehen auf den Prädiktor (hier: Warmherzigkeit Erziehungsstil) zurück. Zwar ist es häufiger, dass Eltern mit einem schlechten „Erziehungsstil" aggressive Kinder haben, allerdings gibt es jede Menge Ausnahmen von dieser Regel. Erst bei einer praktisch nie erreichten Korrelation von 1,0 gäbe es keine Ausnahme von der Regel. Bei einer Nullkorrelation (r = 0,00) gibt es genauso viele Fälle, auf die die Regel zutrifft wie nicht. (Wie in der Regel „Kräht der Hahn auf dem Mist, ändert sich das Wetter oder es bleibt wie es ist".)

In den einführenden Statistik-Kursen wird die Aussagekraft von Korrelationskoeffizienten gerne an der Korrelation zwischen der Zahl der Störche in Schleswig-Holstein und der Anzahl der Geburten erläutert.

Zwischen diesen beiden Größen existiert eine mittlere Korrelation von $r = 0{,}50$. D. h.: je mehr Störche, desto mehr Geburten. Niemand wird ernsthaft einen kausalen Zusammenhang auf der Grundlage einer solchen Korrelation erwarten. In der Aggressions- und Gewaltforschung weiß das eigentlich jeder, der Korrelationskoeffizienten benutzt. Allerdings ist es so wie mit allen Banalitäten: Jeder weiß, dass es eine Banalität ist, aber er hält sich nicht an die Konsequenzen, die sich daraus ergeben. Die Konsequenz bedeutet, dass man Korrelationskoeffizienten nicht als kausale Beweise auffassen darf.

Allerdings ist die Existenz eines signifikanten Korrelationskoeffizienten eine notwendige, wenngleich nicht hinreichende Bedingung für Kausalität. Wenn zwischen der sozialen Schicht und dem Ausmaß der Aggressivität eine mittlere Korrelation existiert, so ist das ein sicherer Hinweis darauf, dass eine kausale Beziehung bestehen *könnte*. D. h. aber ganz konkret: man weiß nicht genau, ob eine kausale Beziehung existiert. Wenn sie existieren würde, müsste allerdings auch eine (signifikante mittlere oder höhere Korrelationen) bestehen.

Dass Korrelationen keine kausalen Beweise sind, wird dann häufig vergessen, wenn so genannte „Strukturgleichungsmodelle" oder „Pfadanalysen" vorgelegt werden, die sehen aus wie Pfeildiagramme zwischen vielen Ursachenfaktoren. Auch diese Auswertungsmethoden liefern keine kausalen Beweise, sondern sie zeigen bestenfalls, dass die Korrelationskoeffizienten mit den kausalen Annahmen nicht in Widerspruch stehen. Die für einen Laien oftmals beeindruckend technisch-mathematischen Auswertungsmethoden verschleiern oft (mit Absicht?) die Magerkeit der zu Grunde liegenden Beziehungen zwischen den Variablen.

Schließlich muss auch der Risikobegriff differenziert werden. Risiken werden in der epidemiologischen Forschung, also auch in der Aggressions- und Gewaltforschung, häufig verwendet. Man unterscheidet ein „absolutes Risiko" vom „relativen Risiko" und vom „Bevölkerungsrisiko". Die drei Risikobegriffe sollen an dem Risiko des Rauchens zwischen 30 und 50 Jahren erläutert werden. Nach Studien, über deren Finanzierung man nicht immer genau Bescheid weiß, beträgt das absolute Risiko für einen Intensivraucher 1,3 % an Herzkreislaufkrankheiten oder Krebs zu erkranken, das relative Risiko ist 10 mal so hoch wie bei Nichtrauchern (ist also eine relative Angabe) und das Bevölkerungsrisiko gibt an, wie viele Menschen von 1 Million oder 10 Millionen Intensivrauchern zwischen 30 und 50 Jahren an Herzkreislaufkrankheiten oder Krebs erkranken: von 1 Million Intensivraucher wären es bei einem 1 % absoluten Risiko rund 10 000 Fälle von Krebserkrankungen, was fünf Krankenhäuser à 2000 Betten allein für Krebskranke dieser Altersstufe bedeuten würde, also die Gesellschaft stark belasten könnte. Hierbei gibt es paradoxe Effekte: was die Gesellschaft stark belasten würde (das Bevölkerungsrisiko), weil es teuer ist, ist aus der Perspektive des Individuums eine Petitesse (nämlich nur 1 % Gefährdung) – weshalb Aufklärungskampagnen gerne mit dem „relativen Risiko" operieren („10 mal so hoch"), weil es dramatischer klingt.

Wie wirkt sich die Unsicherheit über die Verwendung von Risiko-Prozentsätzen in der Aggression und Gewaltforschung aus? In zahllosen Publikationen ist zu lesen, dass Gewalt eine „männliche" Angelegenheit sei. Aufgrund der Tatsache, dass bei Schülern mehr Gewalt festgestellt wird als bei Schülerinnen, wird geschlossen, dass Gewalt ein „männliches" Risiko sei. Ähnlich bei den Patienten auf einer Onkologie-Station, von denen 90 % Raucher sind (was mit dem 1 %-igen individuellen und dem 10-fachen relativen Risiko exakt kompatibel ist). Aus dieser Tatsache des Bevölkerungsrisikos (siehe oben) wird dann auf das absolute Risiko geschlossen. Wie unsinnig diese Schlussfolgerung ist, sei an der Zusammenstellung der Aggressionsdaten von Schütz, Todt & Busch (2002) und anderen erläutert. Für die Jahre 1990–2000 beträgt das in Befragungen festgestellte Ausmaß körperlicher Gewalt bei Jungen rund 15 %. Bei Mädchen fällt es deutlich niedriger aus, es beträgt nämlich 5 %. Natürlich ist dieser Unterschied statistisch signifikant (je größer die Stichprobe, desto kleinere Unterschiede werden signifikant). Aber: 85 % der Jungen und 95 % der Mädchen geben keine körperlichen Gewalt an. Wenn man nun Paare von Jungen und Mädchen bildet, dann gibt es 90 % von Paaren, in denen beide keine Gewalt zeigen oder beide körperliche Gewalt zugeben. D. h. in 90 % der Fälle eines Vergleichs zwischen Jungen und Mädchen erkennen wir keinerlei geschlechtsspezifischen Unterschied (= synchrone Fälle). Die asynchronen Fälle machen exakt 10 % aus, d. h., zu einem Mädchen, das nicht gewalttätig ist, gibt es einen Jungen, der körperliche Gewalt anwendet. Dieses Beispiel macht deutlich, dass man nomothetische Aussagen (Jungen sind körperlich gewalttätiger als Mädchen) nicht auf den Einzelfall übertragen darf. Wissenschaftlich-empirisch verbrämte Vorurteile drohen.

Man kann in der Kritik derartiger Schlussfolgerungen aus Prozentsätzen seltener Ereignisse noch weitergehen: wenn die Bedingung „männlich" in 85 % der Fälle nicht zur Demonstration körperlicher Gewalt führt, dann kann dies nicht die Ursache sein, dass mehr körperliche Gewalt nur wegen der „Männlichkeit" gezeigt wird. Die Bedingung „männlich" ist nur in einer kleinen Minderheit von Fällen auch mit körperlicher Gewaltanwendung verbunden. Diese kleine Minderheit ist etwas größer als bei Mädchen – mehr nicht.

Wenn man auf diese kritische Art viele Untersuchungen der Aggression und Gewaltforschung durchgeht, dann bleiben nur wenige Zusammenhänge als praktisch relevant bestehen. In den meisten Fällen kann man bestenfalls sagen, dass es sich bei den Daten aus variablentheoretischen Untersuchungen um äußerst schwache und nur mit einer Minderheit assoziierte Bedingungen handelt.

Wer empirische Untersuchungen durchführen will, der muss die Variablen *operationalisieren*, d. h., er muss konkret angeben, wie er Aggressionen messen will. Aus Gründen der Bequemlichkeit und getrieben durch den Wunsch von Geldgebern nach schneller Vorlage von Ergebnissen, werden gerne subjektive Aussagen der Befragten in Fragebögen oder Interviews verwendet. Typische Fragen lauten etwa: „Hast du im letzten Jahr einen Mitschüler verprügelt?" Solche Fragen sind selbstverständlich Gegenstand verzerrender Antworttendenzen. D. h.: die Befragten können hier lügen, schönfärben oder auch schwarzfärben, um sich wichtig zu tun oder sich friedlicher oder aggressiver darzustellen, als sie tatsächlich sind. Bedeutsamer sind dann schon Fremdbewertungen von Schülern durch andere Schüler oder durch die Lehrer. Noch interessanter sind Videoaufnahmen vom Pausenverhalten oder vom freien Spielverhalten kleiner Kinder im Kindergarten. Noch praxisnäher sind echte Simulationsexperimente wie das Milgram-Experiment, in dem Versuchspersonen glaubten, dass sie einer anderen Person tatsächlich Stromstöße erteilten (Milgram, 1982). Diese Fragen der „externen Validität" oder der „empirischen Validität" (mithin ihrer Relevanz für die Praxis) von Operationalisierungen werden in der methodenkritischen Forschung zwar meist diskutiert, aber in den Veröffentlichungen von Forschungsresultaten geht häufig unter, dass es sich bloß um Fragebogendaten und Meinungen statt um Untersuchungen des realen Verhaltens handelt.

Kausal belastbar sind Fragebogenuntersuchungen nur in den seltensten Fällen, auch dann wenn sie mit großen Stichproben durchgeführt worden sind, einer quasi-experimentellen bzw. längsschnittlichen Anlage (keine sog. Pseudo-Panels, bei der in jedem Zeitpunkt wieder eine andere repräsentative Grundgesamtheit befragt wird). Ansonsten gilt: wer zweifelsfreie kausale Aussagen ermitteln will, muss ein Experiment mit Kontrollgruppe durchführen. Solche Experimente sind in der sozialpsychologischen Aggressions- und Gewaltforschung wie auch bei der Evaluation von Programmen üblich.

Wie eingangs erläutert, gibt es zahllose wissenschaftlich-empirische Untersuchungen zur Aggression und Gewaltproblematik. Mehrere 10 000 wissenschaftliche Untersuchungen wurden genannt. Seit vielen Jahren ist bekannt, dass Untersuchungen mit einem nicht signifikanten Ergebnis bzw. unterschiedslosen Ergebnissen zwischen unterschiedlichen Bedingungen, seltener publiziert werden als solche, die einen eindeutigen Zusammenhang gefunden haben. Aus diesem Grund kann in der Zahl von wissenschaftlichen Untersuchungen ein so genannter „Publication Bias" entstehen. Wir erfahren zu viel von gelungenen signifikanten Zusammenhängen und zu wenig von gescheiterten und unterschiedslosen Forschungsergebnissen. Die Realität ist möglicherweise noch schlechter aufgeklärt, als wir ahnen.

In einer aktuellen Untersuchung von Ferguson und Kilburn (2008) werden verschiedene der hier genannten Relativierungen zusammengeführt. Bei der genannten Arbeit handelt es sich um eine Meta-Analyse von Untersuchungen zum Zusammenhang zwischen Mediengewalt und tatsächlicher Gewalt. Die Autoren kritisieren, dass fast nur subjektive Aggressionsmessungen verwendet worden sind und dass ein erheblicher „Publication Bias" existiert. Sie korrigieren den ohnehin schwachen Zusammenhang zwischen Mediengewalt und tatsächlicher Gewalt noch einmal kräftig auf einen Korrelationskoeffizienten von $r = 0{,}08$. Die üblichen Korrelationskoeffizienten zwischen Mediengewalt und Aggressivität liegen zwischen 0,20 und 0,30. Ein Hinweis darauf, dass Zusammenhänge zur Gewalt und Aggression noch schwächer aufgeklärt sind, als wir bisher annehmen mussten.

Man sieht also, dass auch empirisch wissenschaftliche Untersuchungen mit Augenmaß betrachtet werden müssen. Solange grundlegende Beziehungen weder kausal eindeutig aufgeklärt worden sind, noch deutlich gemacht wird, dass sie in *vielen* und nicht nur seltenen Fällen so vorzufinden sind bzw. dass Präventions- und Interventionsmaßnahmen einen erheblichen Effekt haben, so lange ist wissenschaftliche Bescheidenheit angesagt.

2.2 Schädigungen und aggressive Erregungen im Kontext der Weltaneignung – Axiome der Erklärung

Psychologie ist die Wissenschaft vom Erleben und Verhalten, vom Denken und Fühlen, von der Wahrnehmung und Deutung der Welt, also auch von der menschlichen Informationsverarbeitung. Im Laufe der Forschungsjahrzehnte bilden sich dabei Selbstverständlichkeiten heraus. Diese muss man kennen – sie haben direkt mit aggressiver Erregung und Schädigungsverhalten zu tun, aber auch mit anderen Phänomenen. Sie werden manchmal wegen ihrer Selbstverständlichkeit vergessen – und sind doch wichtig. Die Abhängigkeit aggressiver Erregungen und schädigenden Verhaltens von der Korrektheit der Informationen über die soziale Umgebung erfährt durch aktuelle Untersuchungen bei Kindern vielfältige Unterstützung (Beelmann, Lösel, 2005; Beelmann, Lösel, Stemmler, Jaursch, 2010).

Der Mensch ist nicht zwangsläufig auf körperliche oder verbale Schädigungen angewiesen, um seine Ziele zu erreichen. Es ist ohne weiteres möglich, seine Ziele über Verhandlungen, über Kompromisse, über Tauschgeschäfte oder auch durch Überzeugung seines Gegenübers zu erreichen. Gewissermaßen kann er durch ein präaktionales Repertoire seine Ziele scheinbar gewaltfrei erreichen. Das im herkömmlichen Sinne aggressive Verhalten ist überdies nicht immer das wirksamste Verhalten, um seine eigenen Ziele zu erreichen. Wenn man die Welt kennt, weiß man, was man alles tun kann.

Welche dieser anderen Möglichkeiten für ihn realistisch sind, hängt davon ab, was er in seiner Sozialisation in seinem Milieu gelernt hat. Der Mensch ist darauf angewiesen, ein möglichst realistisches Selbst-

und Weltbild zu entwickeln, um seine eigenen Interessen wirksam in der Welt vertreten und durchsetzen zu können. Wer daran glaubt bzw. es gelernt hat, dass man mit körperlicher Aggression seine Ziele am besten erreichen kann, der wird auch körperliche Aggressionen ausüben. Wenn er zu schwach ist, wird er trainieren bzw. sich mit anderen in Banden zusammen tun, um seine Ziele durchzusetzen – oder sich Waffen besorgen.

Die lange Zeit mit Engagement vertretenen und verteidigten Lerntheorien zur Erklärung aggressiven Verhaltens müssen heute nicht mit demselben Aplomb wie früher verteidigt werden. Menschen tun, was sie für wirksam halten. Menschen tun, was sie sich zutrauen. Was man im Einzelnen für wirksam hält und was man sich zutraut, das erfährt man im Laufe seiner Sozialisationserfahrungen und durch Vorbilder oder durch Belehrung. „Vorbild" ist ein missverständlicher Begriff, weil er nur mit „gutem" Verhalten verbunden wird. Vorbild sind alle und ist alles. Alles erzieht den Menschen – nichts ist ohne Einfluss. Unter lauter miesen „Vorbildern" wird man sich nicht gerade an der Handvoll Edelmenschen orientieren, sondern das tun, was die „meisten" machen oder was die einem bekannten Menschen „meistens" machen.

Wenn das Selbstbild eines Menschen unrealistisch aufgebläht ist, so kann ein Risiko für Aggression entstehen. Wie Zeitwandeluntersuchungen in USA und in der Bundesrepublik zeigen (Dollase, 1986), nimmt der Selbstwert der Bevölkerung im Durchschnitt zu. Heute halten sich mehr Menschen als früher für eine „wichtige Person" (von 9 % im Jahre 1937 auf 67 % im Jahre 1983). Menschen, die sich für etwas Besseres halten – so die empirische Forschung, die weiter unten noch ausführlicher dargestellt wird –, sind leichter in aggressive Erregung zu versetzen, weil ihr aufgeblähtes Selbst leichter zu irritieren ist und sich deshalb eine aggressive Erregung eher einstellt als bei Menschen, die bescheiden sind bzw. einen geringen Selbstwert haben. Offensichtlich ist ein zu großer Selbstanspruch nicht mit der Realität kompatibel, weshalb Menschen ohne ein realistisches Selbstkonzept eher mit der Realität in Konflikte geraten. Wer glaubt, dass alle für ihn arbeiten müssten, dass er etwas Besseres sei als andere, kann auch leichter als andere ein normales soziales Verhalten seiner Mitmenschen für eine Missachtung seiner Person halten, z. B. sich vernachlässigt oder übersehen fühlen, wenn nicht die ganz große Feier zu seinem Erscheinen veranstaltet wird.

Die Notwendigkeit, ein realistisches Selbstkonzept zu entwickeln, besteht insbesondere hinsichtlich der eigenen Position in einer Rang- oder Hackordnung in der Schulklasse. Kinder und Jugendliche erfahren dort, dass andere beliebter sind, tüchtiger sind, hübscher sind oder mehr Geld zur Verfügung haben. Dass andere besser sind, auch im Mittelpunkt stehen können, ist eine schmerzliche Erfahrung, die Kinder, dem Tiefenpsychologen Alfred Adler gemäß, schon dann erleben, wenn ein Geschwisterkind geboren wird. Diese frustrierende Erfahrung wurde „Dethronement" genannt, d. h., eine Zurücksetzung von der einzigartigen privilegierten Position bei den Eltern zurück in eine Mehrzahl von gleichberechtigten Geschwistern. Die oft zitierte Geschwisterrivalität und Aggressivität zwischen Geschwistern hat hier ihren Ursprung.

Möglicherweise erinnern wir uns alle an solche Zurücksetzungen und frustrierenden Einordnungen in das Nicht-Besondere, ins Kollektiv, an diesen Zwang zur Bescheidenheit, zur Unterordnung, zum Verzicht auf Anerkennung, an das Verlieren, wenn Rang- oder Hackordnungen im Kollektiv der Schulklasse entwickelt werden. Und an die Schmerzen, die so etwas bereitet. Vielleicht ist deswegen der Ruf nach Anerkennung und Respekt so laut, weil sich niemand an das bescheidene Sich-Zurücknehmen gewöhnen mag, weil es mit Bitterkeit assoziiert wird.

Und andererseits kann die kaum verarbeitete Enttäuschung durch die Entthronung auch das Interesse und die Faszination erklären, die alle Wettbewerbe, alle Kämpfe und alle gewalttätigen Auseinandersetzungen begleiten. Im Mittelalter versammelten sich Kind und Kegel um den Hinrichtungen auf dem Marktplatz beizuwohnen. Im Paris des 18. Jahrhunderts wurden Katzen zuhauf öffentlich und bei lebendigem Leibe vor den Massen verbrannt – so faszinierend ist das Erlebnis von Grausamkeit. Das Böse fasziniert in den Medien genauso wie in der Realität (Wuketits, 2000). Und die Bildungsbürger haben ihre sublime Art, ihrem Interesse an Schädigungsveranstaltungen zu frönen – beim Film „Kill Bill" oder bei „Sin City" z. B. Oder daran, wie man Personen der Politik „fertigmachen" kann. Natürlich heucheln viele ihre Gaffermentalität – bei der Überschwemmung des Rheinufers in Köln ebenso wie beim Einsturz des Stadtarchivs, beim Boxen ebenso wie bei der Klopperei auf dem Schulhof.

Oben wurde es ja schon angedeutet, dass die Realitätsangemessenheit des gedanklichen Bildes von der Welt und von sich selbst durch das Individuum selber festgestellt wird. Menschen entscheiden selber, ob ihre Diagnose des Gegenübers richtig ist. Sie begehen dadurch oft Fehler, da es ihnen nicht möglich ist, andere korrekt zu verstehen. Oft „schließen sie von sich auf andere". In der Frage der aggressiven Erregung und des schädigenden Verhaltens kommt diesem Subjektivismus (Solipsismus, Ipsativismus) eine besondere Bedeutung zu: Die Aktionen und Reaktionen anderer Menschen werden oft falsch verstanden und die fehlende Empathie für andere Menschen erzeugt eine aggressive Erregung, weil man z. b. harmloses Verhalten als gegen sich gerichtete Provokation empfindet. Im Verkehr interpretiert man den dicht hinter sich fahrenden PKW als „Drängler" – in Wirklichkeit hat der angebliche Drängler sich nichts dabei gedacht. Bei allen Analysen und in vielen Programmen gegen Gewalt und Aggressivität wird auf diese bessere Empathiefähigkeit Wert gelegt, weil man weiß, dass ein falsches Bild von den Mitmenschen und ihrem Verhalten sehr schnell als Anlass für aggressive Erregung und schädigendes Verhalten dienen kann.

Auch generell gilt: Man muss die Welt möglichst richtig verstanden haben, richtig kennengelernt haben, damit man zivilisiert mit den aggressiven Erregungen und dem Schädigungsverhalten umgehen kann. Je „intelligenter" („einsichtiger" in die Welt) ein Schüler ist, umso besser kann er die Folgen seines Verhaltens abschätzen, raffinierter angreifen, aber auch die Sinnlosigkeit brutaler Gewalt erkennen.

Zu den Binsenweisheiten über Gewalt und Aggression gehört die Behauptung, dass Gewalt und Aggressivität „gesellschaftliche Ursachen" haben. Zugleich wird aber zugestanden, dass es auch individuelle oder psychologische Ursachen gäbe. Das Verhältnis zwischen Ursachen gesellschaftlicher Art und solchen individueller psychologischer Art wird häufig als „Ebenenproblem" (im internationalen Sprachgebrauch „level") dargestellt. Es gäbe eine Ebene der gesellschaftlichen Ursachen und eine Ebene der psychologischen Ursachen (und dazwischen die Ebene der Organisation). Bronfenbrenner ist Schuld an dem inflationären Gebrauch der Begriffe Exo-, Meso- und Mikrosystem, die nichts anderes als „Ebenen" sind (Bronfenbrenner, 1976). In der Vergangenheit wurde im Rahmen der so genannten „Reduktionismusthese", die annimmt, dass man alle soziologischen Gesetzmäßigkeiten auf psychologische, psychologische auf physiologische, physiologische auf chemische und physikalische Prozesse zurückführen kann, ein erster, wenngleich nicht unbedingt erfolgreicher Versuch unternommen (Hummel,1972), diese Rede von den unterschiedlichen Ebenen zu korrigieren. Man kann das Verhältnis gesellschaftlicher Ursachen und individueller psychologischer Ursachen auch im Sinne einer „fraktalen Theorie" erklären. Fraktale sind bildliche Darstellungen, in der die großen Strukturen den kleinen Strukturen entsprechen und umgekehrt und in denen mit zunehmender Nähe und Vertiefung zur Basis immer wieder dieselben Strukturen zu entdecken sind. Diese Fraktale können ein gedankliches Bild für das Verhältnis von gesellschaftlichen zu individuellen Faktoren sein. Die fraktale Theorie wäre mit der populären Aussage „im Großen wiederholen sich die Konflikte wie im Kleinen" vereinbar. Da Gesellschaften und Organisationen von Menschen geführt werden, sind diese wie der Mensch in der Familie auf typisch menschliche Reaktionen angewiesen. Eine Gesellschaft bzw. eine Organisation nimmt in ähnlicher Art und Weise auf ihre Unversehrtheit Rücksicht, wie das ein Individuum tun würde. „Die Schule" als Organisation verhält sich angesichts einer drohenden Schließung wie ein Mensch, dem man seine Arbeitsstelle wegnehmen will.

Mit dem „Standard Social Science Model" (SSSM) wird von Tooby und Cosmides (1992) die vulgäre soziologische Binsenweisheit karikiert, dass menschliches Verhalten „irgendwie" von der Gesellschaft geprägt würde. Umgekehrt gilt es auch: die Gesellschaft wird vom Menschen geprägt. Gesellschaftliche Prozesse sind das Ergebnis menschlicher Überlegungen und Taten. Tatsache ist aber, dass das SSSM auch dazu dienen kann, die persönliche Verantwortung für die eigene aggressive Erregung und für schädigende Verhaltensweisen abzulehnen und sie auf die gesellschaftlichen Umstände zurückzuführen. Ich bin ja nicht schuld – die Gesellschaft ist schuld. Hierzu gibt es Belege aus der Fremdenfeindlichkeitsforschung (Dollase, Koch 2010, i.V.)

Wenn Menschen andere nicht mögen, so ist man schnell dabei, dies mit der „Kultur" oder der Sozialisation zu erklären, sie seien sich eben fremd und könnten sich deshalb nicht verstehen, man hätte gelernt, nur bestimmte andere Menschen mit ganz bestimmten Charakterzügen zu mögen und andere eben nicht. So einfach ist es aber nicht. Wie die soziometrische Forschung immer wieder gezeigt hat, gibt es auch unter ähnlichen, gut aussehenden Menschen unerklärliche Antipathien. Und das Zusammenleben und Zusammensein-Müssen mit Menschen, die man nicht mag, ist Stress, kann aggressive Erregungen auslösen, aktiviert Schadenfreude, Billigung von Nachteilen für den anderen, Nichtbeachtung, Vorenthaltung von Vorteilen etc. Kurz: Schädigendes Verhalten wird gegen antipathische Menschen leichter toleriert bzw. eher aktiv ausgeteilt. Die Gründe, warum wir manche mögen und andere nicht, sind keineswegs erschöpfend aufgeklärt – auch Verliebtheiten nicht. Warum ist es uns nicht egal, welche Menschen mit uns zusammen sind? Klar – es ist angenehmer, aber das wäre nur eine tautologische Erklärung, also keine. Die Unaufgeklärtheit von Sympathien und Antipathien ist – solange man es nicht besser weiß – ein wesentlicher Grund anzunehmen, dass es nicht änderbare humane Konstanten gibt, die eng in das Aggressionsgeschehen verwickelt sind. Sympathien z. B. führen als Günstlingswirtschaft, Vetternwirtschaft etc. direkt zu Schädigungen anderer Personen.

Und in der Schule? Jede Form der Zusammenführung von Menschen in Gruppen ist mit der Bildung von untereinander verfehdeten Cliquen verbunden, Kinder nehmen sich gegenseitig die Freunde und Freundinnen weg, sie schließen andere aus, die ihnen nicht passen usw. Schulklassen sind eine sprudelnde Quelle von Anlässen für aggressive Erregungen und Schädigungen.

2.3 „Alles Hängt Mit Allem Zusammen" (AHMAZ) – Das multifaktorielle Modell als Leitlinie für Analyse und praktische Maßnahmen zur Gewaltprävention und Intervention

AHMAZ war offenbar als Schimpfwort gedacht – eine alberne Abkürzung für etwas, was jeder weiß und das keine echten Einsichten erlaubt, schon gar nicht die Ableitung von praktischen Empfehlungen. Das multifaktorielle Modell ist lediglich eine diffuse Vermutung, die auf zahllosen empirischen Untersuchungen fußt, in denen man immer wieder korrelative Zusammenhänge zu Aggressivitäts- und Gewaltindikatoren gefunden hat: zu Geschlecht, sozialer Schicht, Zuwanderungsstatus, Erziehungsstil der Eltern, Medienkonsum usw.

Im Kern besteht es aus folgenden Annahmen: Aggressions- und Gewaltphänomene sind durch viele Faktoren aus den Bereichen Umwelt, Anlage, Selbst und Zufall erklärbar (multifaktorielle Verursachung). Die Faktoren beeinflussen sich gegenseitig (Interpenetration der Faktoren). Die Faktoren bleiben oft nicht stabil, sie verändern sich laufend (Fluidität der Faktoren) und alles ist von zeitlich vorauslaufenden Veränderungen abhängig (genetische Kausalität) (vgl. Dollase, 1985, S. 69).

Der Hinweis auf die multifaktorielle Genese von Aggressivität und Gewalt in der Schule ist ein „Killer-Argument", das die Diskussion über Ursachen auch zum Erliegen bringen kann. Niemand kann heute Originalität dafür beanspruchen, wenn er z. B. sagt: „Wir gehen davon aus, dass die Schüler nicht alleine für die Gewalt verantwortlich sind, sondern auch die Eltern und Lehrer." Einmal erkannt, bleibt als Konsequenz der Multifaktorialität nur noch geistige Schontätigkeit übrig. Redner, die bedeutungsschwanger folgern: „Wir brauchen ein Zusammenwirken mehrerer Ebenen" und dabei die gespreizten Finger ihrer Hände ineinander verschränken, sind in Talkshows der Hit, leisten gedanklich aber nichts Neues. Aus der Multifaktorialität folgt praktisch-politisch z. B. Komplexitätsbewusstsein, theoretischer Pluralismus, die Zurückweisung monokausaler Erklärungen, eine Verkomplizierung der Diagnostik hin zur mehrperspektivischen Polypragmasie (interventive und präventive Beeinflussung *vieler* Faktoren), Handlungsredundanz, Komplexitätsreduktion (vgl. Dollase, 1985).

Die Idee der Risikokumulation ergibt sich ebenfalls als logische Folge einer multifaktoriellen Annahme. Was sind also Risikofaktoren für kindliche und jugendliche Aggressivität?

2.3.1 Variablenübersichten: Risikofaktoren kindlicher und jugendlicher Aggressivität

Innerhalb des variablentheoretischen Ansatzes bzw. des multifaktoriellen Modells gibt es eine Reihe von aktuellen Meta-Analysen zur Zusammenfassung der Risikofaktoren.

Von *Bettencourt u. a.* (2006) stammt eine Meta-Analyse zum *Zusammenhang zwischen Persönlichkeitseigenschaften und Aggression*. Bekannt war und ist, dass die Persönlichkeitseigenschaft „Verträglichkeit" existiert, die teilweise genetische Komponenten haben muss – wie die Zwillingsforschung ausweist. Bettencourts u. a. besonderer Verdienst besteht darin, dass sie in „neutrale" und eher „provokative" Situationen unterschieden haben. Die Autoren finden beispielsweise, dass eine „leichte Irritierbarkeit", eine Temperamentseigenschaft (Chess &Thomas, 1996, Zentner 1993), und die sogenannte „Eigenschafts-Aggressivität" (Unverträglichkeit) relativ starke Wirkungen auf Aggressivität sowohl in neutralen als auch in provokativen Situationen haben. Die Ärgerneigung, die Rastlosigkeit (Type A Verhalten), die emotionale Erregbarkeit, die Impulsivität und der Narzissmus und einige andere Variablen führen zu verstärkter Aggression nur in Situationen der Provokation (Bettencourt, Talley, Benjamin, & Valentine, 2006).

Eine besonders ausführliche Variablenübersicht ist im Jahre 2000 vom *US Department of Justice* herausgegeben worden, das eine Meta-Analyse zu den „Predictors of Youth Violence" publiziert hat. Die Übersicht lässt sich einfach sortieren (Hawkins, et al., 2000):

Persönlichkeitseigenschaften, die z. T. genetisch determiniert sind, z. T. aber auch durch erzieherische Einwirkung, die durch die besondere Schwierigkeit bestimmter angeborener Persönlichkeitseigenschaften des Kindes für die Erziehung durch die Eltern entstehen. Hierzu gehört Schüchternheit, Ängstlichkeit, Hyperaktivität, Aggressivität, frühe Gewalttätigkeit, frühes antisoziales Verhalten, früh erkenntliche gewaltbereite Einstellungen. Die elterliche, problematische Erziehung ergibt sich als Reaktion auf ein „schwieriges" Temperament des Kindes (Zentner).

Faktoren, die über die Eltern und ihren Erziehungsstil transportiert werden: elterliche Kriminalität, physische Misshandlung, der vernachlässigende, kalte elterliche Erziehungsstil, ein Mangel an gemeinsamen Aktivitäten mit den Kindern, problematische Bindungen und Beziehungen zu den Eltern. Auch die elterliche Einstellung zur Gewalt, Eltern-Kind-Trennung, aber auch hohe Mobilität und viele Umzüge seitens der Eltern, die allerdings einen zwiespältigen Effekt haben können: Es kann gut sein, kann aber auch sehr schlecht sein.

Faktoren, die mit der Schule zusammenhängen: schlechte Schulleistung, geringe Schulidentifikation, Schulschwänzen und Schulversagen, häufiger Schulwechsel, häufige Schuldelinquenz.

Faktoren, die mit den sozialen Kontakten unter Jugendlichen und Kindern zusammenhängen: delinquente Geschwister, delinquente Klassenkameraden, Bandenmitgliedschaft etc.
Soziale Faktoren: Armut, kommunale Kriminalitätsbelastung, Verfügbarkeit von Drogen und Waffen.

Das *Seattle Social Development Project* (Herrenkohl u. a. 2002) fasst in ähnlicher Art und Weise diese Risikofaktoren zusammen: *1. Individuelle Faktoren:* Hyperaktivität und „sensation seeking" (Erregungssuche), *2. Familie:* Gewalteinstellung der Eltern, Kriminalität, Familienkonflikte, Erziehungsstil, *3. Schule:* Schlechte Schulleistung, Verhaltensprobleme, Schulwechsel, geringe Schulidentifikation, *4. Peers und Gleichaltrige:* delinquente Peers, Banden-Mitgliedschaft, *5. Nachbarschaft:* Kriminalitätsbelastung. Die Ergebnisse von Herrenkohl sind mit denen von Hawkins und anderen durchaus kompatibel (Herrenkohl, Maguin, Hill, Hawkins, & Abbott, 2002).

Eine etwas ältere Meta-Analyse von *Lipsey und Derzon* (1998) ist nur darum besonders, weil sie die Risikofaktoren nach der Stärke ihres Einflusses sortiert. Die Einflussstärke der einzelnen Faktoren wird über die oben erwähnten Korrelationen angegeben und die stärksten Faktoren haben lediglich eine Korrelation zwischen 0,30 und 0,39 (erklären also maximal 15 % der Varianz) – die gefundenen Zusammenhänge sind also keinesfalls Schicksale, sondern lassen einen erheblichen Spielraum für individuelle Entwicklung trotz des Vorliegens von Risiken (Lipsey & Derzon, 1998).

Die Prädiktoren werden sortiert nach solchen für das Alter 6–11 und solchen für das Alter 12–14. Im Folgenden sollen die stärksten und schwächsten Faktoren in der Übersicht kurz erläutert werden.

Zunächst für das Alter von sechs bis elf Jahren: Stärkste Faktoren: Drogengebrauch, allgemeine Aggressivität, Geschlecht, ökonomischer Status der Familie und antisoziale Eltern. Ebenfalls mit Korrelation von 0,20: Aggression und Ethnizität. Besonders schwache Faktoren: Missbrauch durch Eltern, antisoziale Gleichaltrige und „broken home", d.h. gestörte oder zerstörte Familienverhältnisse.

Für das Alter von 12–14: starke Prädiktoren sind: die soziale Bindung und die antisozialen Peers, im völligen Unterschied zu den jüngeren

Kindern, die allgemeine Aggressivität, die Schulleistung, die psychologischen Bedingungen des Kindes, die Eltern-Kind-Beziehung, das Geschlecht und das Auftauchen von physischer Gewalt im Lebensverlauf. Besonders schwache Faktoren: „broken home" (s. o.), also Scheidungsfamilien, Patchworkfamilien; der soziökonomische Status der Familie, Missbrauch durch Eltern, andere Familiencharakteristiken, Drogengebrauch und Ethnizität.

Die Übersicht ist verwunderlich, basiert aber auf empirischen Ergebnissen in den USA und zeigt, dass signifikante Resultate nicht immer auch relevante Resultate sind. Man würde politisch logischerweise mit den stärksten Faktoren anfangen und das wären dann die Gleichaltrigen bzw. die Arbeit an sozialen Bindungen bei den etwas älteren Kindern; bei den jüngeren ist der Einfluss des Geschlechtes bzw. des familiären soziökonomischen Status und der antisozialen Eltern offenbar besonders wichtig. Auch wenn die „abusive parents" (missbrauchende Eltern) in beiden Altersgruppen keine besonders starken Risikofaktoren sind, bedeutet das ja noch lange nicht, dass man sich nicht gegen den Missbrauch von Kindern und Jugendlichen wehren muss. Der Faktor „abusive parents" ist nur im Vergleich und nur bezogen auf Aggression und Gewalt eben etwas schwächer als andere Faktoren. Die Autoren fassen ihr Ergebnis so zusammen, dass die *beiden stärksten Prädiktoren für die Jugendlichen von 12 bis 14 interpersonelle Beziehungen* sind, die auf der anderen Seite für die jüngeren Kinder relativ schwach die Aggressivität voraussagen. Das deckt sich mit den hier genannten Vermutungen weiter oben, dass nämlich aggressive Erregungen und schädigende Verhaltensweisen ihre Ursachen oft in der Antipathie und Sympathiestruktur der Schulklassen haben, die man auch „soziometrische Struktur" nennt (Dollase 1976).

Der geringe Stellenwert von Ethnizität, der in den amerikanischen Meta-Analysen gewonnen wird, kann man für die Bundesrepublik durch eine Studie von Dollase/Koch (2010, in Vorbereitung) ebenfalls bestätigen, insofern Ethnizität als solche kein vorrangiger Aggressionsgrund ist. Gefragt, welche Information von anderen Menschen wichtig ist, um diese zu beurteilen, ergibt sich mit einem besonders aufwendigen Verfahren des vollständigen Paarvergleichs eine ganz klare Reihenfolge in mehreren, voneinander unabhängigen Replikationen. An erster Stelle ist das Bildungsniveau wichtig, an zweiter Stelle der Beruf, an dritter Stelle das Alter, an vierter Stelle das Geschlecht, an fünfter Stelle die Nationalität und an sechster Stelle die religiöse Zugehörigkeit. Für die Erklärung des nichtkriminellen aggressiven und gewalthaltigen Verhaltens wird man auch eine Abwägung der Stärke der Faktoren machen müssen. Die Vermischung bzw. Koppelung von Ethnizität und niedrigem Bildungsabschluss – wie in Deutschland – kann auch als Kriminalitätsursache zu Lasten des niedrigen Bildungsniveaus statt der Ethnizität interpretiert werden.

Empirische Untersuchungen zeigen deutlich, dass etwa fremdenfeindliche Emotion nicht in fremdenfeindliche Diskriminierung und Gewalt gegen Fremde münden muss. Entgegen einer öffentlich immer wiederholten These, lässt sich empirisch nicht belegen, dass Menschen, die etwa Zuwanderungsgegner sind, die heterophob sind, d.h. selber zugeben, ausländerfeindlich zu sein, daraus auch eine Duldung von fremdenfeindlicher Gewalt ableiten würden. In insgesamt 11 Stichproben und bei 11 Replikationen war der Anteil derjenigen, die extrem fremdenfeindlich sind, zwischen 2 % (bei Lehrern) und 20 % (bei Arbeiter und Angestellten) deutlich unterschiedlich. Aber von diesen heterophoben Menschen haben in nahezu allen Stichproben 90–100 % gesagt, dass sie gegen Diskriminierung der Fremden sind, und 90–100 %, dass sie gegen Gewalt sind. Bis auf Schüler der Sekundarstufe I und II, die jeweils zu 18 % extrem fremdenfeindlich sind, hier waren es 72 bzw. 76/78 %, die gegen Gewalt, gegen Fremde sind. Diese Studie (Dollase/Koch 2010, i.V.) zeigt, dass trotz einer aggressiven Emotion daraus nicht unmittelbar auf diskriminierendes und gewalttätiges Verhalten geschlossen werden kann.

Eine weitere Variablenübersicht berichtet Nolting in seinem Lehrbuch *Lernfall Aggression*, die sich ähnlich sortieren lassen wie in den bisher zitierten Meta-Analysen, die allerdings auch anregende und enthemmende Faktoren mit aufnehmen – also eher auch auf Schutzfaktoren gegen kriminelles Verhalten, hier auf Schutzfaktoren gegenüber hoher Aggressivität, abheben. Die Auflistung der Faktoren sei im Folgenden aufgeführt (Nolting 2007, Tabelle 17, 18 und 19). Nähere Angaben finden sich in der originalen Quelle:

I. Faktoren individueller Aggressivität (Tafel 17)
Förderlich für Motivation zu aggressivem Verhalten.
Vorrangig bei reaktiv emotionaler Aggressivität: Tendenz zur Wahrnehmung böser Absichten, unrealistisch positives Selbstbild, Typ A-Syndrom (Ärgerneigung, Konkurrenzhaltung, Ungeduld).
Vorrangig bei instrumenteller Aggressivität: Egoismus, Bewertung aggressiven Verhaltens als nützlich, Vertrauen in eigene Stärke.
Vorrangig bei Lustaggressivität: Streben nach Machtgefühl, Reizsuche.
Förderlich für Gegenmotivation (Aggressionshemmung): Ängstlichkeit bezüglich negativer Folgen, moralische Werthaltung, Einfühlungsvermögen.
Verhaltensmöglichkeiten, Handlungskompetenzen, aggressive Kompetenzen, körperliche Stärke, gegenläufig: konstruktive Kompetenzen, Selbstkontrolle.

II. Faktoren für die Entwicklung hoher Aggressivität (Tafel 18)
Hier die Faktoren ähnlich sortiert wie in den bisherigen Übersichten:
biologische Faktoren: individuelle genetische Faktoren, neurologisch mit bedingte Erregbarkeit, vorgeburtliche Schädigungen (z. B. Nikotin, Alkohohl in der Schwangerschaft).
Erziehungsverhalten der Eltern: mangelnde Akzeptanz und Wärme, negative harte Erziehungsmethoden, aggressives Modellverhalten gegenüber Ehepartner, inkonsistente wechselhafte Erziehung, Bekräftigung für aggressives Verhalten (z. B. nachgeben), mangelnde Resonanz und Ermutigung für positives Verhalten, mangelnde Vermittlung klarer Regeln, mangelnde Aufsicht.
weitere Umwelteinflüsse: Probleme der Eltern (z. B. Ehekonflikte, Depressionen, Alkoholismus, Kriminalität), Armut, enge Wohnung, Ablehnung durch nichtaggressive Altersgenossen, Akzeptanz durch aggressive Altersgenossen, hoher Konsum von Medien-Gewalt.

III. Situative und interpersonale Aspekte für das Auftreten von aggressiven Verhalten (Tafel 19)
Diese haben noch am ehesten Ähnlichkeit mit handlungstheoretischen Analysen:
Anregende Faktoren: negative Ereignisse (Provokationen, Bedrohungen u. a.)
Positive Anreize (materielle, soziale, emotionale): aggressive Modelle, Aufforderungen, Befehle, aggressive Signalreize.
Enthemmende Faktoren: geringes Entdeckungs- und Strafrisiko (Anonymität, Dunkelheit usw.), diffuse Verantwortlichkeit; rechtfertigende Beeinflussung, Alkohol
Hemmende Faktoren: hohes Entdeckungs- und Strafrisiko, moralische Appelle, friedliche Signalreize.
Zusätzliche interpersonale Bezüge: Wechselwirkung des Verhaltens zweier Menschen (z. B. Eskalation), Beziehung der zusammentreffenden Personen, besondere Gruppenkonstellationen.

2.3.2 Bewertung der Variablenübersichten unter praktischen und politischen Gesichtspunkten

Eine Meta-Analyse von Gershoff (2002) zur körperlichen Züchtigung zeigt noch einmal sehr deutlich, dass viele Untersuchungen kein einheitliches Ergebnis haben, sondern durchaus im Ergebnis variieren können. Bei insgesamt 117 Untersuchungen finden insgesamt sieben Untersuchungen keinen negativen Effekt der körperlichen Züchtigung, sondern berichten z. T. auch über extrem positive Effekte der körperlichen Züchtigung (Gershoff, 2002). Hier sei noch einmal daran erinnert: Ein Faktor alleine erklärt so gut wie gar nichts. Die Ausnahmeergebnisse müssen nicht falsch sein, sondern sie ergeben sich aus jeweils unterschiedlichen Konstellationen der vielen anderen Faktoren, die Aggressivität auslösen.

Die Variablenübersichten können wie folgt bewertet werden: Die Zahl der beim Individuum zusammentreffenden Risikofaktoren ist für die Prognose von Aggressivität und Gewalttätigkeit wichtig. Es gibt immer viele schuldige Faktoren, ein einzelner Faktor alleine bewirkt nichts. Alle Autoren und Autorinnen präferieren multimodale Interventionen, z. B. Hawkins u. a., bzw. ein anderer Name dafür wäre Polypragmasie (Dollase 1985).

Selbst die stärksten Risikofaktoren haben eine relativ geringe Erklär- und Prognosesicherheit, wie etwa die Debatte um die Ergebnisse von Mofitt oder Derzon (2001) gezeigt haben. Eine Korrelation von 0,33 kann immer noch bedeuten, dass die Risikoträger später zu 60 % nicht gewalttätig werden. Es sind widersprüchliche Ergebnisse möglich, wie insbesondere die Meta-Analyse von Gershoff gezeigt hat.

Die Faktoren sind z. T. von den Autoren der Meta-Analysen selbst sortiert und klassifiziert worden, aber sie lassen sich natürlich auch von außen betrachtet noch einmal in „Faktorengruppen" zusammenfassen. Bliesener hat eine Vielzahl von Faktoren sortiert, etwa genetische Faktoren, elterliche Faktoren, Faktoren, die mit dem Individuum selbst zusammenhängen etc.

Aus dem multifaktoriellen Modell und seiner empirischen Bestätigung folgt eindeutig, dass monokausale Ansätze zur Erklärung der Aggressivität von Schülern falsch sind. Nur das Fernsehen, nur die Eltern, nur die Schule – das sind Erklärungsversuche der Vergangenheit. Hier

sollen – nur als Beispiel – einige der *etwa gleich starken* Einflussfaktoren für Aggressivität bei Kindern und Jugendlichen zusammengestellt werden:
- Fernsehen und Videospiele (Bushman & Anderson, 2001, r = 0,25);
- elterlicher Erziehungsstil (Lipsey und Derzon, 1998, r = 0,19);
- die Gleichaltrigen (Lipsey und Derzon, 1998, r = 0,37);
- die Lehrer (R. Dollase, Ridder, Bieler, Köhnemann, & Woitowitz, 2000, r = 0,26);
- die Persönlichkeit des Kindes oder Jugendlichen (Lipsey und Derzon, 1998, r = 0,19);
- die Nachbarschaft (Dollase u. a. 2000, r = 0,16);
- das Geschlecht (Lipsey und Derzon, 1998, r = 0,26).

Aus der Kenntnis solcher Zusammenhänge folgt eindeutig und nicht revidierbar: die Aggressivität der Schüler und Schülerinnen wird durch multiple Einflüsse stimuliert (ein variablen-theoretisches Axiom).

Als weiteres Beispiel sollen drei Faktoren aus der Vielzahl der sortierbaren Faktoren herausgegriffen werden, die sowohl mit den Medien als auch mit dem Individuum als auch mit dem sozialen Umfeld zusammenhängen.

Medieneinfluss: Nach einer Meta-Analyse von Anderson & Bushmann (2001, 2002) hat Mediengewalt selbstverständlich einen Einfluss auf die Aggressivität unserer Kinder und Jugendlichen. Die Korrelationen schwanken aber je nach Untersuchungsmethode (Längsschnitt, Querschnitt, Feldexperiment, Laborexperiment) zwischen 0,16 und 0,26, d. h., eine Konzentration der Debatte auf Mediengewalt löst gewissermaßen einen Anteil an den Problemen, aber nicht alles.

Das aufgeblähte Selbstwertgefühl: Der amerikanische Aggressionsforscher R. Baumeister hat im Jahre 2002 in einem Interview gesagt: „Unsere Untersuchungen besagen, dass Menschen mit geringem Selbstwertgefühl wenig dazu neigen, aggressiv zu reagieren. Gefährlich sind diejenigen, die sich für etwas Besseres halten als ihre Mitmenschen", und der norwegische Aggressionsforscher Dan Olweus schreibt in demselben Artikel (in der Zeitschrift *Spektrum der Wissenschaft*): „Entgegen einer unter Psychologen und Psychiatern ziemlich verbreiteten Ansicht haben wir keine Anzeichen dafür gefunden, dass die despotischen Jungen unter dem rauen Äußeren ängstlich und unsicher sind."

Auch Bliesener (2007, 2008b) berichtet von Fällen, in denen das Selbstwertgefühl Jugendlicher unrealistisch hoch ist und die Einsicht in die begrenzten eigenen Möglichkeiten gering ausgeprägt ist. Nach allem, was man aus der klinischen Psychologie weiß, benötigt der Mensch ein *realistisches* Selbst- und Weltkonzept, d. h., er muss die Welt und auch sich selbst realistisch einschätzen, damit er wirksam in ihr handeln kann. Ein wenig besser, als es der Realität entspricht, darf man sich selbst schon einschätzen – aber nicht übermäßig und fast größenwahnsinnig. Bei einer eigenen Zeitwandelstudie bei Grundschulkindern konnte die zunehmende Empfindlichkeit heutiger Kinder und Jugendlicher gegenüber früher empirisch festgestellt werden. Auf die Frage, „Macht es dir viel aus, wenn andere Kinder sich mit dir streiten?", haben im Jahre 1974 30 % der Kinder mit ja geantwortet im Jahre 1997 über 50 %. Weitere ähnliche und in diesen Trend passende Ergebnisse hat dieselbe Untersuchung herausgefunden (Dollase, 2000). Empfindlichkeit, so die Argumentation, kann Zeichen eines gestiegenen Selbstwertgefühls sein. Die Zunahme der Empfindlichkeit gegenüber Gewalt und Streit kann also empirisch belegt werden.

Lehrkräfte und Mitschüler als Ursachen: Welchen Anteil Lehrkräfte haben können, wurde weiter oben durch das Zitat der Studie von Volker Krumm gezeigt. Die Mitschüler, die laut Meta-Analyse von Lipsey und Derzon bei den älteren Kindern die wichtigste Quelle für aggressive Emotionen darstellen, konnten in der Bundesrepublik wegen eines rigiden Datenschutzes nicht untersucht werden. Bedauerlicherweise war in allen Bundesländern und aufgrund des Einflusses des Datenschutzes bis in die 2000er Jahre verboten worden, *soziometrische* Untersuchungen durchzuführen. Soziometrische Untersuchungen erfassen die interpersonellen Beziehungen in Schulklassen und analysieren die Netzwerkgeflechte interpersoneller Beziehungen, die daraus entstehen. Eine einfache Frage besteht etwa darin, dass man die Schüler fragt: „Neben wem möchtest du gerne sitzen?". Die daraus entstehenden Soziogramme erlauben differenzierte Einblicke in die soziale, interpersonelle Situation von Schülern und Schülerinnen und machen Außenseiter und Mobbing-Opfer schnell sichtbar. Eine umfangreiche soziometrische, empirische Forschung hat schon vor vielen Jahrzehnten die Zusammenhänge zwischen Positionen in der Schulklasse und der Aggressivitätsneigung untersucht. Durch das Verbot (auch z. T. dem Verbot in den USA) ist die soziometrische Forschung (Dollase, 1976) ab den 1980er Jahren mehr oder weniger zum Erliegen gekommen. Die drei Bereiche der Gewalt- und Aggressivitätsursachen – Medien, Selbstüberschätzung und interpersonelle Beziehungen – zeigen, wie man auf der Grundlage einzelner Faktoren und ohne das multifaktorielle Modell in irgendeiner Form zu leugnen, etwas gegen zunehmende Aggressivität und Gewalt tun kann. Selbstverständlich ist die Mediengewalt zu entschärfen, der Medienzugang pädagogisch zu kontrollieren. Selbstverständlich ist Bescheidenheit, verlieren können, sich selbst realistisch einschätzen ein ganz wichtiges Ziel des sozialen Lernens, das in der Vergangenheit immer wieder vernachlässigt wurde und selbstverständlich ist auch die Entwicklung von einfachen diagnostischen Verfahren für Lehrer und Gruppenleiter wichtig, mit denen diese ein Frühwarnsystem für problematische interpersonelle Relationen entwickeln können.

2.4 Ursachen von Aggression und Gewalt – Theorien und Modelle

Die Auflistungen von Variablen, die mit aggressiver Erregung und schädigendem Verhalten assoziiert sind, sind keine Theorien. Theorien *erklären* ein Phänomen – es sind Spekulationen über kausale Faktoren, sie können auch falsch sein. Die Korrelation von 0,26 zwischen Geschlecht und der aggressiven Selbsteinschätzung „erklärt" nichts, weil es (s. o.) mehr Ausnahmen von der schwachen Regel (0,26) gibt als Fälle, die genau passen: Mädchen, die hochaggressiv sind, Jungen, die friedlich sind. Ebenso verhält es sich mit der Variablen „soziale Schicht" – in jedem Milieu gibt es zahllose Ausnahmen: Unterschichtkinder, die extrem friedlich und nachgiebig sind, Mittel- und Oberschichtkinder, die als notorisch aggressiv erregt gelten können.

In nahezu allen Büchern und Lehrbüchern werden die üblichen Theorien zur Erklärung von Aggressivität genannt (z. B. Hogg & Vaughan, 2008, Nolting, 2005, Mummendey & Otten, 2002). Z. B. Triebtheorien (Konrad Lorenz und Nachfolger ethologische und soziobiologische

Theorien, Sigmund Freud und Nachfolger psychodynamische Theorien), die eine a priori vorhandene aggressive Energie annehmen. Diese ist auch ohne Anlass da und ab und zu muss sie „rausgelassen" werden. Vor allem die Frustrations-Aggressionsthese, die Lerntheorien (operantes Konditionieren, aggressives Verhalten wird belohnt; Modelllernen, es wird stellvertretend belohnt und man macht es nach) und einige Derivate davon: die Theorie aggressiver Hinweisreize z. B. (Frustrationen führen nur dann zur Aggression, wenn Hinweisreize, z. B. Waffen, in der Nähe sind), die Erregungs-Übertragungstheorie (excitation transfer theory; unspezifische Erregungen können aggressiv interpretiert werden) oder der kognitiv neoassoziationistische Ansatz (negativer Affekt führt zu Aggression) und einige Selbsttheorien (Theorie der Selbstwerterhaltung, Selbstwertbestätigung, Selbstergänzung, Selbstverifizierung) werden in diesem Kontext für relevant gehalten (Mummendey & Otten, 2002, Aronson, 2004, Hogg & Vaughan, 2008).

Von Wichtigkeit für praktische und wissenschaftliche Probleme ist die Frage, welche Art von Aggression die Theorien jeweils erklären: Sind es aggressive Erregungen (Emotionen) oder ist es das schädigende Verhalten? Aggressive Emotionen haben mit Sicherheit alle Menschen schon mal gehabt und sie lassen sich relativ leicht herstellen. Das Problem ist, mit welchem Verhalten Menschen auf Aggression reagieren. Man muss nicht jede aggressive Emotion „nach außen lassen" und man muss nicht auf jede aggressive Emotion mit körperlicher Gewalt oder verbaler Gewalt reagieren. Je nach Management der eigenen Emotionen kann diese Emotion auch vom Individuum beherrscht werden. Diese Beherrschung muss es allerdings auch lernen. Bei allen Theorien ist auch genau auf diese Unterscheidung zu achten. Die meisten Theorien, so mein Eindruck, erklären eher aggressive Emotionen und weniger die Kontrolle der aggressiven Emotionen.

Um einen weiteren Zugang zur Ermittlung von Ursachen von Aggressivität und Gewalt zu beschreiben, sollen die existierenden soziologischen und psychologischen Theorien kurz in ihren Kerngedanken vorgestellt werden. Die Erwähnung der soziologischen Theorien erfolgt gemäß eines Aufsatzes von Günther Albrecht (2002). Demnach lassen sich etwa fünf Kategorien von Grundgedanken finden:

Es handelt sich bei einem aggressiven und gewalttätigen Verhalten um *erlerntes Verhalten*, um differenzielle Assoziationen (z. B. Aggression ist gut bzw. schlecht) bzw. um ein Ergebnis der frühkindlichen Erfahrung. Dieser eher psychologische Gedankengang findet auch in soziologischen Theorien seinen Widerschein. Die gesellschaftliche Realität mutet dem Individuum *„strain"* oder *„Stress"* zu, d. h., sie zerrt an seiner Befindlichkeit bzw. sie mutet ihm gewisse Frustrationen bzw. das Ertragen von Unzufriedenheiten zu. Dieser Stress aufgrund gesellschaftlicher Zustände kommt oft durch Abweichung von der vermeintlichen sozialen Chancengleichheit zustande. Oder: Er kommt durch einen Widerspruch zwischen den proklamierten Werten einer Gesellschaft (z. B. Chancengleichheit) und der tatsächlichen Realität zustande. Z. B. proklamiert die Gesellschaft Aufstieg nach Leistung, vergibt aber die Posten durch Bestechung. Frust entsteht auch durch die „Kohortenungleichheit", d. h., durch die unterschiedlichen Chancen verschiedener Generationen, die sich nach ihrer Größe bestimmt (Easterline, 1987).

Die Gesellschaft unterteilt sich in Subkulturen und *subkulturspezifische Regelungen* der sozialen Organisation bzw. die Wege zur Gewalt und zur Aggressivität bilden sich unterschiedlich gesellschaftlich heraus. Was in der einen Kultur erlaubt ist, ist in der anderen weniger erlaubt bzw. es gibt auch eine differenzielle gesellschaftliche Kontrolle der Wege und der Mittel in die Illegalität. Auch kann die Gesellschaft über Etikettierung und Labeling etwas zur Perpetuierung der Aggressivität und Gewalt beitragen, ebenso wie sie bestimmte aggressive Submilieus und Subkulturen toleriert bzw. nebenher laufen lässt.

Aggression ist ein *Selbstschutz* des Individuums bzw. das Individuum hat die Identifikation mit der Gesellschaft verloren und stellt sich nunmehr vor, selbst dafür sorgen zu müssen, dass ihm Gerechtigkeit widerfährt.

Mehrere Theorien beschäftigen sich mit der Annahme, dass das Individuum seine Umwelt auch *selbst kontrollieren* möchte. Es möchte Macht haben, es möchte die Umwelt beeinflussen, es möchte im optimalen Fall eine gewisse Kontrollbalance erreichen, d. h. die Situationen, die er selbst kontrolliert, müssen mit denen in einem ausgewogenen Verhältnis stehen, in denen er kontrolliert wird. Hierzu kann man auch Kosten-Nutzen-Analysen zählen, die den Aufwand und Nutzen bestimmter anpasserischer bzw. rebellierender oder gewalttätiger Aktionen kalkulieren.

Die Desintegrationstheorie (Heitmeyer, 1994) passt nicht ganz in dieses Raster der Grundgedanken. Sie ist eine Theorie, die auf mehreren Ebenen die soziale Desintegration und infolge daraus die entstehende Individualisierung, den Kampf aller gegen alle, aber auch die fehlenden Anerkennungen und Anerkennungsbilanzen thematisiert.

Auch soziologische Theorien nehmen über die Natur, die psychische Natur des Menschen, immer etwas an. Sie formulieren implizit Grundbedürfnisse. Sie formulieren – mehr oder weniger ausgesprochen – auch Frustrations- und Beeinträchtigungsmechanismen, die beim Individuum so wirken müssen wie Stress oder Strain. Sie postulieren auch Wünsche des Individuums, z. B. Kontrolle der Umwelt.

Die psychologischen Theorien enthalten z. T. ähnliche, z. T. andere Grundgedanken zur Erklärung von Aggressivität und Gewalt. Die folgende Auflistung erfolgt nach verschiedenen Autoren (Aronson u. a., 2004, Tedeshi, 2002, Baumeister & Bushman, 2002, Mummendey & Otten, 2002, u. a.).

Der Mensch möchte negative Effekte für sich vermeiden und eine positive Selbstdarstellung und Zufriedenheit erreichen. Hierunter fallen alle Theorien, in denen es um die Frustration und deren Einfluss auf die Aggressivität geht. Es geht um negative Effekte, die Aggressionen aktivieren, um Selbstschutz, um eine positive Selbstdarstellung und um die Vermeidung von Scham und Demütigung (letzteres wird auch in der Frage des Narzissmus und des aufgeblähten Selbst thematisiert).

Die Häufigkeit und Schwere aggressiven Verhaltens ist ein Lernergebnis. Zahlreiche psychologische Theorien verweisen auf das Lernen am Erfolg (wenn Aggressivität mit Erfolg belohnt wird), auf das Modelllernen, auf das Nichtlernen einer Selbstkontrolle der aggressiven Emotion bzw. auch auf die Rolle von auslösenden aggressiven Hinweisreizen (z. B. Waffen) in einer Situation, die aggressives Verhalten nahe legt.

Der Mensch ist aggressiv, weil er bestimmte Ziele erreichen möchte. Der Mensch strebt nach sozialer Kontrolle. Er möchte Gerechtigkeit herstellen und Menschen zwingen, das zu tun, was er gerne hätte. Z. T. sind diese Motive sicherlich ehrenwert, z. T. werden sie aber oft auch mit Gewalt durchgesetzt und erklären damit aggressives Verhalten.

Es gibt Persönlichkeitseigenschaften des Menschen, die ihn zur Aggressivität geneigt machen. Hierzu zählt das schwierige Temperament genauso wie eine Reihe von Erbanlagen, Persönlichkeitseigenschaften, die weiter oben schon zitiert worden sind. *Drogen können Aggressivität erzeugen.* (Aber auch körperliche Beeinträchtigungen wie Hitze, räumliche Enge, Überlastung etc.) *Der Mensch kann im Kollektiv enthemmt werden* und Aggressivität demonstrieren, obwohl er sonst in einer Einzelsituation beherrscht ist (Deindividuation).

Zahlreiche Einzelhypothesen und Theorien hängen nicht unmittelbar mit der Erklärung von Aggressivität und Gewalt zusammen. Z. B. die *Katharsis*, mit der der Mensch sich von seinen aggressiven Emotionen reinigt – hier fehlt es allerdings an empirisch bestätigenden Untersuchungen, dass die Katharsis etwas nützt, oder die *Verschiebung*, d. h., der Mensch sucht sich Ersatzobjekte für seine Aggressivität.

Auf dem Wege einer weiteren Zusammenfassung der verschiedenen Grundgedanken machen *soziologische* Theorien deutlich:
- Dass die soziale Umwelt Menschen Stress oder Strain bereiten kann,
- dass die soziale Umwelt durch ihre Struktur und ihre Regelung Menschen einem aggressionsdienlichen Umfeld aussetzt,
- dass die soziale Umwelt Kontrollwünsche der Menschen frustriert,

Allerdings geben soziologische Theorien auch zu bedenken, dass ein Zusammenleben von Menschen ohne Frust und Stress kaum denkbar ist.

Demgegenüber machen *psychologische* Theorien deutlich:
- Dass Menschen vielfältig durch die soziale Umwelt in negative Gefühlszustände gebracht werden – auch weil sie nicht alles erreichen können, was sie wollen,
- dass Menschen sehr unterschiedlich darauf reagieren können, abhängig von ihrer Persönlichkeit,
- dass Menschen sehr unterschiedlich aufgrund erlernter Formen, wie man mit negativen Gefühlszuständen und ihren Anregern umgehen kann, auf frustrierende Umwelteinflüsse reagieren können.

Allerdings, so die psychologischen Theorien, ist das Individuum nicht an allem schuld. Bei einer hoch abstraktiven Zusammenfassung nähern sich die Grundannahmen soziologischer und psychologischer Theorien weitestgehend aneinander an.

Man kann nun fragen, ob eine noch weitergehende Vereinfachungsmöglichkeit der Grundideen möglich ist. Diese wird hin und wieder versucht, z. B. von Kindermann (2005). Für ihn gibt es biologische, soziale und situative Faktoren, die das Individuum in einen „psychologischen Prozess" bringen und der als Ergebnis dann die Gewalt erzeugt. Oder aber – wie von Nolting (2005), Dodge & Pettit (2003) und vielen anderen versucht – die indirekt und direkt auf ein Drei-Stufen-Modell (Anregung zur aggressiven Erregung – Bewertung der Anregung – Reaktion) rekurrieren.

Dieses besonders einfache Modell soll kurz erläutert werden: Es gibt

1. eine Anregung zur aggressiven Erregung, eine Frustration, ein Ereignis, irgendetwas, eine Aktion, die als Auslöser oder Anreger der Aggressivität oder Gewalt (der Emotion) dient und die ...
2. vom Individuum negativ bewertet wird – aber natürlich hätte auch neutral oder gar positiv bewertet werden können; danach fasst er den Entschluss, sich dagegen zu wehren, bzw. das zu ändern oder auch nichts zu tun und ...
3. er setzt diese Reaktion in Verhalten um. Hierbei entscheidet er wiederum, abhängig von vielen Faktoren, ob es eine verbale Unmutsäußerung wird oder ein Zuschlagen, eine Intrige oder sonst wie das Selbst oder erweiterte Selbst des Gegenübers schädigende Verhaltensweise.

Der Dreischritt Anregung, Bewertung, Reaktion ist ein Modell, das man insbesondere für den praktischen Alltag benutzen kann. Jede Aggression hat irgendeine Ursache. Diese Ursache muss bewertet werden, ob sie schlimm ist, und es muss bewertet werden, wie und wieso man darauf reagieren muss, bzw. drittens dann, welche Reaktion tatsächlich gewählt wird.

Der Mensch muss sein Selbst und sein erweitertes Selbst verteidigen, wenn seine Unversehrtheit, sein Überleben, sein Respekt in Gefahr gerät. Persönlichkeitsmerkmale und Temperamentseigenschaften ebenso wie erlernte Verhaltensweisen erschweren die Erziehung zur friedlichen Bewertung und Reaktion in diesen Fällen. Manche Kinder und Jugendliche lernen aggressiv auf jede negative Emotion zu reagieren. Alle Aggressivität benötigt einen Anreger, eine Aktion, eine Provokation – manchmal ist die bloße Existenz anderer Menschen eine Provokation.

Dan Olweus hat in der Zeitschrift *Spektrum der Wissenschaft* (1/2002) gesagt: „Auch wenn es der landläufigen Meinung entgegen steht – dass sich provozierte Gewalt gegen Unbeteiligte Dritte richtet, kommt ziemlich selten vor." Am Anfang dieser Eskalation steht immer eine provozierende Aktion, bewusst oder unbewusst, manchmal auch unbeabsichtigt, oder aber Menschen haben eine Ego-Orientierung (Nicholls u. a., 1989), hierarchisches Selbstinteresse (Hagan, u. a., 1999), eine soziale Dominanzorientierung (Pratto u. a., 1994), sie haben ein überhöhtes Selbstwertgefühl, sie sind Narzissten, d. h. in sich selbst verliebt, was sie aktiv oder reaktiv unzufrieden mit der Umgebung macht, sie wollen besser sein als andere, ertragen es nicht, schlechter zu sein als andere, sie leiden an Neid, sie können nicht verlieren, sie können sich nicht einordnen und ein realistisches Selbstkonzept ausbilden. Aber auch in diesen Fällen ist sozusagen eine Provokation am Anfang der Dreierkette des aggressiven Verhaltens.

In der zweiten Phase folgt eine Bewertung des Angegriffenen über die Provokation. War es eine Bedrohung, hindert es mich an der Zielerreichung? Manche aber sind so empfindlich, dass sie schon durch geringe Einschränkungen provoziert werden. „Was guckst du so?" wurde zur verbalen Metapher dafür. Oder: „Der hat mich beleidigt", „Der will mir nur Übles!" – d. h. sie reagieren paranoisch auf völlig harmlose Ereignisse. Und in der Bewertung muss er überlegen: „Welche Handlungsmöglichkeiten habe ich, wie kann ich reagieren, muss ich oder muss ich nicht reagieren?"

In der dritten Phase kommt die aggressive Reaktion, die durch die Bewertung vorbereitet wurde. Sie fällt bei manchen verbal, handgreiflich, versteckt, offen, ironisch, mimisch, harmlos oder gewalttätig aus. Das hängt davon ab, was möglich ist, was man für wirkungsvoll hält und was man kann und welche Hemmungen man gegenüber körperlicher Gewalt aufgebaut hat.

3

Die stilistische Überwindung von aggressiven Erregungen und schädigendem Verhalten in der Schule

Was folgt eigentlich aus der wissenschaftlichen Erforschung von Aggression und Gewalt für die Verhinderung von Gewalt und Aggressivität in der Schule? Man könnte es sich leicht machen. Man könnte sagen: „Das soziale Verhalten der Kinder und Jugendlichen muss verbessert werden!" Für jeden ist klar, dass eine solche Aussage zu pauschal ist. Wenn man darauf hinweist, gemäß der in diesem Buch getroffenen Definition, dass die Hauptaufgabe darin besteht, „die aggressiven Erregungen" zu beherrschen und ein zivilisiertes „schädigendes Verhalten" an den Tag zu legen, dann ist das eine nicht minder pauschale Umschreibung, wie jede weitere Untergliederung es auch wäre. Man könnte noch hinzufügen: „Kinder und Jugendliche müssen *lernen*, aggressive Erregungen zu beherrschen und ihr schädigendes Verhalten zu zivilisieren", womit man die vorherrschenden Lerntheorien und ihre praktisch-pädagogischen Folgerungen zur weiteren Handlungskonkretisierung erwähnt hätte. Also: die Überwindung von Gewalt und Aggression ist ein Lernproblem. Reicht das als Grundlage für Veränderungen? Vermutlich nicht. Aus der empirisch vielfach belegten Tatsache, dass aggressive Erregungen und schädigendes Verhalten in der Sozialisation gelernt wurden, folgt, dass man etwas anders lernen muss oder ungünstiges Verhalten verlernen sollte. Aber die Methoden und Wege, diese Ziele zu erreichen, die einzelnen Lernschritte, Übungen, ihre Anpassung an die Ausgangslage der Klienten ist eine *pädagogische* Aufgabe sui generis. Sie zu lösen erfordert, wie bei jeder Therapie, gemäß des Pyramidenmodells von Krampen (2010) zunächst Kreativität und später auch kontrollierende empirische Untersuchungen, ob die aus der Ist-Forschungslage kreativ abgeleiteten Ideen auch tatsächlich wirken. Insofern reichen empirische Ist-Lagen nicht aus, um Konzepte und Wege zur Prävention und erfolgreichen Intervention quasi automatisch abzuleiten – nein, diese müssen erfunden und später dennoch evaluiert werden.

Die Probleme gesetzter Erziehungsziele bestehen nicht darin, solche Ziele zu formulieren (oder sie in Richt-, Grob- oder Feinlernziele zu unterteilen (Lemke, 1981, Möller, 1974), sondern sie zu verwirklichen. Dass man mit seinen Mitmenschen respektvoll und freundlich umgeht, ist sprachlich und gedanklich kein Problem, über das man lange nachdenken müsste, sondern eine Banalität. Das Problem ist immer die Realisierung im Alltag von Schule und Leben. Die zehn Gebote zu verstehen, ist kein intellektuelles Problem, sondern deren Verwirklichung ist ein Verhaltensproblem.

3.1 Das 3-Schritte-Modell und die Balance zwischen den Ansatzpunkten für Prävention

Gegen Ende des vorigen Kapitels wurde ein vereinfachtes Modell der Aggressionsentstehung als mögliche Heuristik beschrieben. Es besteht aus drei Schritten: am Anfang steht immer die *Provokation* (auch wenn das Gegenüber den Täter schuldlos provoziert, weil der Täter z. B. das

Gegenüber abgrundtief ablehnt), dann folgt die *Bewertung* der Schwere der Provokation und die Überlegung, ob und welche Reaktion nötig ist, und sodann die *Reaktion*, die von Flucht bis körperlichem Angriff, von Beleidigung bis zum Übersehen reichen kann.

Das Dreiermodell – Provokation, Bewertung und Reaktion – führt auch zu drei Strategien die man einsetzen kann, um Aggressivität und Gewalt zu minimieren.

Provokationen vermeiden: Die Anreger von aggressiver Erregung und die Provokationen vermeiden, d. h., die Auslöser von Aggression vermindern, Bedrohung und Verletzung anderer vermeiden, Höflichkeit und Toleranz einüben, eigene Wünsche nicht provozierend äußern, die Interessen der anderen respektieren, sich selber daran erinnern: „Außer mir wollen auch die anderen noch was vom Leben haben ...".

Bewertungen desensibilisieren: d. h., sich selber gegenüber desensibilisieren (abstumpfen), Nehmerqualitäten entwickeln etc. Die Situation des Provokateurs verstehen. Warum hat er das wohl getan? War es wirklich so schlimm? Bin ich zu empfindlich? Wie hart muss man reagieren? Geht es auch friedlicher?

Reaktionen zivilisieren: d. h., die schädigenden Reaktionen hemmen, konstruktive Möglichkeiten erlernen etc. „Ich-Botschaften" als Deeskalation einsetzen, ablenken, Aggressionshemmung für körperliche Gewalt aufbauen, alternatives Verhalten lernen.

Viele Autoren und Programmkonstrukteure kommen zu ähnlichen Schlussfolgerungen – die genannten sind absolut nicht neu. Ähnlich sieht es z. B. auch Nolting (2007 in früheren wie späteren Ausgaben): *Anreger vermeiden*, Reaktionen harmloser gestalten**,** auffassen und *bewerten* – wie muss ich das, was in der Außenwelt passiert, auffassen und bewerten? Aggressionshemmungen aufbauen, d. h. etwa Leid induzierte oder auch straforientierte Hemmungen aufbauen, die Aggression und Gewalt nicht auszuführen, erlernen bzw. erfahren. *Alternatives Verhalten* erlernen (z. B. verbale Kommunikation) und das Interaktionssystem verändern, d. h., die Eskalation, die Beteiligung mehrerer an einer aggressiven und gewalttätigen Eskalation berücksichtigen und zivilisieren.

Ähnlich wie bei der Definition und Taxonomie aggressiven Verhaltens gibt es zahllose Möglichkeiten, die Präventions- und Interventionschancen zu sortieren. Auch hier wird eine weitere Sortierung angeboten (s. u.).

Das Modell – *Provokationen vermeiden, Bewertungen desensibilisieren, Reaktionen zivilisieren* – erlaubt auch die Ableitung einer politischen und praktischen Metastrategie. Man darf sich bei der Prävention von Gewalt und Aggressivität nicht nur auf die Verminderung von Provokation oder Anregern verlagern, genauso wenig, wie man sich nur und ausschließlich auf die Veränderung der Bewertung oder nur und ausschließlich auf die Zivilisierung der Reaktionen konzentrieren darf.

Man kann die einseitigen Schwerpunktsetzungen und ihre Folgen gedanklich einmal durchspielen:

Wenn man nur die *Provokationen* minimiert, dann ist es möglich, dass es hysterische Reaktionen auf Miniprovokationen gibt und die Menschen und Jugendlichen immer empfindlicher werden und immer kleinere Zurücksetzungen oder Niederlagen als Provokation empfinden.

Wenn man nur die *Bewertung* verändert, d. h., Jugendliche dazu bringt, sich zu desensibilisieren, es nicht so „krumm" zu nehmen, wenn man mal provoziert wird, etwas gelassener zu reagieren, dann nimmt man indirekt Parteinahme für Provokateure, weil das Hauptziel ja ist, mit den Provokationen der anderen gelassener und unempfindlicher umzugehen.

Wenn man nur die *Reaktionen* auf Provokation und Anreger *zivilisiert*, d. h. verbal argumentativ und konstruktiv gestaltet, nimmt man sowohl implizit Partei für die Provokateure und man übt Druck auf die Bewertung aus. Ein unerträglicher Zustand, dass Provokation erlaubt ist, aber das Individuum mit den Provokationen, den Anregern allein fertig werden soll und vor allen Dingen nur harmlos darauf reagieren darf.

So kann also eine Strategie zur Reduzierung von Aggressivität und Gewalt nur darin bestehen, sowohl die Anreger und die Provokation zu minimieren als auch die Bewertung von Provokation zu trainieren als auch alternative Formen des Verhaltens zu lernen und die Reaktionen zu zivilisieren. An mehreren Fronten muss – und so war es ja auch die Lehre aus dem multifaktoriellen Modell – die Prävention und Intervention von Gewallt und Aggressivität geschehen.

Gerade bei der Anwendung von Anti-Gewalttrainings in der Schule ist darauf zu achten, dass nicht nur ein singulärer Aspekt aus dem Gesamtgeschehen herausgegriffen wird und der Rest so bleibt wie bisher. So dürfte keine nachhaltige Reduktion von Gewalt und Aggressivität möglich sein.

Weil ein wirksames Maßnahmenbündel immer auch ein multimodales sein muss (zu den neueren Evaluationsuntersuchungen siehe weiter unten), muss die Bündelung des 3-Schritte-Modells zu einer Stilistik vorgenommen werden.

3.2 Die Entwicklung von Gewalt-Prävention und -intervention zu einer Stilistik

Eine Besonderheit dieser Darstellung ist, dass die Intentionalität des schädigenden Verhaltens und der aggressiven Erregung nicht Bestandteil der Definition von Aggressivität bzw. Gewalt ist, beides wird – so die Annahme – auch nicht intentional ausgelöst. Eine weitere Besonderheit ist die Einbeziehung des „erweiterten Selbst" als Schädigungsobjekt. Aggressionen richten sich nicht nur gegen die Person und ihr Verhalten, sondern auch gegen ihr „erweitertes Selbst". Die dadurch erreichte Vermehrung von Verhaltensweisen, die man als aggressiv bezeichnen kann, hatte zur Folge, dass auch das normale gesellschaftliche Wettbewerbsverhalten zum schädigenden Verhalten gezählt wird.

Es wird hier allerdings nicht die Schlussfolgerung gezogen, dass wir eine Gesellschaft benötigen, die auf das Leistungsprinzip, das Wettbewerbsprinzip oder das Kritikprinzip verzichtet, sondern dass jede Gesellschaft auf die Unterdrückung aggressiver Erregungen bzw. auf die Entkopplung von aggressiver Erregung und schädigendem Verhalten angelegt sein muss.

In der alten psychoanalytischen Diktion würde dies bedeuten, dass die Gesellschaft auf den sozial verträglichen Umgang mit den Trieben und Erregungen angewiesen ist. Sie erzeugt – so auch die Schule – permanent aggressive Erregungen und erwartet von ihren Mitgliedern, das aus diesen aggressiven Erregungen keine Gewalt oder körperliche Schädigung oder gesetzlich verbotene psychische Beleidigung entsteht. Sie kann dabei einen Teil der aggressiven Erregung und auch des schädigenden Verhaltens akzeptieren, setzt allerdings rigide Normen für eine Normüberschreitung. Jemanden nach einem verlorenen Spiel anzubrüllen und zu beschimpfen, ist ebenso illegitim, wie jemanden öffentlich zu bezichtigen, er habe seine Karriere eigentlich nicht verdient. Die bisherige Aggressions- und Gewaltforschung hat sich meist und ausschließlich nur mit den normüberschreitenden aggressiven Erregungen und schädigenden Verhaltensweisen beschäftigt. Tatsache ist: Jedes soziale Zusammenleben ist ein „Mensch ärgere Dich nicht!"-Spiel – Schädigungen und aggressive Erregungen sind ein Konstitutivum menschlichen Zusammenlebens.

Für pädagogische Zwecke ist es allerdings immens wichtig zu wissen, dass Kinder von Geburt an und später lernen müssen, mit Frustrationen, mit dem Verlieren, mit Kritik, mit politischem und kulturellem Streit, mit Abneigungen gegen andere Personen und gegen andere Ansichten in einer zivilisierten Art und Weise umzugehen. D. h.: dem Nachwuchs muss die Zivilisation von aggressiven Erregungen und schädigendem Verhalten beigebracht werden. Das ist eine schmerzliche und mühevolle Arbeit, aber sie ist absolut zentral.

In den vergangenen Jahrzehnten haben einige pädagogische Autoren z. B. versucht, eine „Entängstigung der Schule" zu erreichen. Kein Kind sollte irgendwo Angst erleben, weder bei der Klassenarbeit noch bei der mündlichen Leistungsrückmeldung. Ihnen war die Humanisierung von Schule und Gesellschaft wichtig, damit dem Individuum Frustration erspart bleibt. Gehört zur Humanisierung eher Frustrationsfreiheit oder ein zivilisierter Umgang mit Frustrationen? Man kann Zweifel haben, ob die Entfernung der Bitterkeit aus dem Leben wirklich einen pädagogischen Sinn macht, insofern die Bewältigungskompetenz für Unbill, das Meistern auch schwieriger emotionaler Situationen zur Sicherung der Vitalität gehört. Hierauf hat die Glücksforschung ebenso wie die Forschung zur relativen Deprivation hingewiesen (Walker & Smith, 2002).

Nicht nur eine demokratische und zugleich kapitalistische Gesellschaft erzeugt Frustrationen, mit denen das Individuum umgehen können muss. Jedes menschliche Zusammenleben ist aufgrund der psychischen Struktur von Menschen mit unvermeidlichen Konflikten, mit Enttäuschungen und Verlusten verbunden. Es lässt sich nicht verhindern, dass Menschen sich nicht mögen und dass es Enttäuschungen gibt, weil nicht jeder Mitschüler mit einem befreundet sein will. Es lässt sich nicht verhindern, dass es Antipathien gibt, die zu aggressiver Erregung führen etc. Diese Emotionen erzeugen ein negatives Gefühl, mit dem man konstruktiv umgehen muss. Das Individuum muss also lernen, seine Frustrationen sozial verträglich zu verarbeiten. Und frustrationsfreie Mitglieder jeder Gesellschaft dürfen die frustrierten nicht vernachlässigen, sondern haben die Aufgabe, für deren respektables Weiterleben zu sorgen. Sieger ohne Verantwortung für die Verlierer darf es nicht geben. Der Sieger muss Solidarität mit dem Verlierer zeigen – Wettbewerbe und Kritik überhaupt zivilisiert zu gestalten, ist eine zentrale Aufgabe.

Gleichzeitig aber sind alle Gesellschaften als Ganzes aufgefordert, dem Verlierer eine humane Perspektive zu eröffnen. Das beginnt beim kindlichen Gesellschaftsspiel – der Verlierer darf nicht über Gebühr verpönt werden, er muss geachtet und respektiert werden und auf der anderen Seite darf der Gewinner nicht übermäßig bewundert werden, weil die Maßlosigkeit im Gewinnen und Verlieren jeweils aggressive Erregungen erzeugt. Die Wahlkampfillusion zu propagieren, qua Schulbildung könne man aufsteigen, ist ein Märchen, da das Leistungsprinzip ja nicht aufgegeben wird. In jedem Schulsystem der Welt geht es um Leistung, Verlierer wird es immer geben. Und deswegen ist es normal. Und darf nicht bestraft werden.

Durch die widersprüchliche Notwendigkeit, einerseits mit dem Wettbewerbs- und Leistungsprinzip (und den anderen Streit- und Konfliktprinzipien) etwas Positives für die gesamte Weiterentwicklung der Gesellschaft zu tun und andererseits dabei demotivierend und aggressiv erregend zu wirken, ist es unerlässlich, sich nicht nur um eine „Siegerkultur", sondern auch um eine „Verliererkultur" zu kümmern (der inflationäre Gebrauch des Anhängsels „-kultur" ist ärgerlich, passt aber hier). Die pädagogisch und politisch schwierige Aufgabe besteht darin, die frustrierenden Prinzipien beizubehalten, aber zugleich deren destruktive Folgen zu minimieren und den Nachwuchs darauf vorzubereiten.

Die Position hier ist, dass es einer „Stilistik" der Überwindung von Aggression und Gewalt in der Schule und in der Gesellschaft bedarf. „Stilistisch" heißt, dass ein besonderer Stil in allen schulischen Bereichen und Themen gepflegt werden muss, damit diese hochgradig schwierige Balance zwischen aggressiver Erregung und ihrer Beherrschung gelingen kann.

Ein Beispiel: Der Direktor einer Schule hat eine Gewalt-Projektwoche organisiert und Lehrer und Schüler in vielerlei Programmaktivitäten zur Verbesserung von Empathie, Konfliktlösefähigkeiten und der Kommunikation eingebunden. Die Schulaufsicht war mit dieser Maßnahme sehr einverstanden. Auch die Wissenschaft kam zu Wort: Ein bekannter Aggressionsforscher hielt Vorträge und weckte das Problembewusstsein der Teilnehmer und Teilnehmerinnen für die aggressive Gewaltproblematik. In der Woche danach gibt der Direktor die Mathematik-Klassenarbeiten in seiner Klasse zurück, so ganz ist er von den Unterrichtsverpflichtungen in diesem Bundesland nicht entbunden. Er gibt sie in der Reihenfolge wie früher üblich an die Schüler zurück: Zuerst die guten Arbeiten, dann die schlechten. Als er zu der schlechtesten Arbeit kommt, sagt er: „Von einem Jungen, der im ASO-Müllerviertel wohnt, habe ich nichts anderes als eine solche schlechte Arbeit erwartet." Das Müllerviertel ist ein stadtbekanntes Asyl (ASO ist die vulgäre Abkürzung für „asozial"). Der Direktor hat den Sinn von Maßnahmen zur Verbesserung der Aggressions- und Gewaltsituation nicht verstanden.

Es geht darum, alles zu ändern und insbesondere das Miteinander in der Schule. Das, was die Projektwoche vielleicht an positiven Effekten gehabt hat, wird durch ein entsprechendes Lehrerverhalten wieder zerstört. Aus diesem Grunde ist eine stilistische Veränderung des schulischen Lebens in allen Bereichen notwendig, um entsprechende Erfolge zu erzielen. Das ist kompatibel mit der Forschungslage, die belegt, dass aggressive Erregungen und schädigendes Verhalten viele Ursachen haben und dass die Person des Lehrers genauso wie die Eltern und die Medien eine gleich starke und gemeinsame Verantwortung für die Prävention und Intervention tragen.

Gewalt- und Aggressionsprovokation geht alle an: Lehrer, Schüler, Eltern. Alle müssen lernen, die Anregungen zur aggressiven Erregung zu minimieren, Bewertungen zu desensibilisieren und Reaktionen zu zivilisieren. Nicht nur Schüler müssen etwas lernen, sondern auch Erwachsene.

Einen neuen Stil umzusetzen ist wie die Entwicklung und Propagierung neuer Normen für den Umgang mit verschiedenen Problemen. Die Durchsetzung neuer Normen, die eine neue Stilistik mit sich bringt, ist Appell, ist imperative Strategie, ist Aufklärung. Die Aufklärung und

Zivilisierung der ursprünglichen, triebgesteuerten Erlebens- und Verhaltensweisen eines Menschen muss in jeder Ontogenese, also von jedem Individuum in seiner Lebenszeit, erneut durchlaufen werden. Normentwicklung gelingt auch über die Konstruktion von Heuristiken, kurz formulierten Prinzipien, die man in vielen Situationen anwenden kann. Eine mögliche Heuristik wäre: „Zeige Distanz zur Bewunderung von aggressiven Modellen und Signalen." Die Skepsis gegenüber aggressiven Modellen und Signalen ist eine Aufgabe für uns alle. Wie weiter oben schon erläutert wurde, haben wir uns eine uneingestandene, manchmal unbewusste Bewunderung von aggressiven Typen, die sich durchsetzen können, von Powerfrauen und Powermännern angewöhnt. Anstatt zu erkennen, dass es sich hier um ein extrem asoziales Verhalten handelt. Solche verdeckten Bewunderungen sind immer dann auch wirksam, wenn jemand eine andere Person charakterisiert als „sie füllt den ganzen Raum aus und lässt anderen keinen Platz". Ein solches asoziales Verdrängungsverhalten sollte unseren Protest eher auslösen als Bewunderung, auch das Gerede von der „natürlichen Autorität" oder dass wir Debatten als „schön kontrovers" oder „seine Argumentation hat Pfeffer" oder „sie war toll zynisch und ironisch" bewerten, verweist darauf, dass wir geheime Bewunderer von Gewalt, Ungerechtigkeit und Aggressivität sind. Auch Äußerungen am Mittagstisch: „Ich würde mit einem xy-Partei-Mitglied nicht zu Abend essen", „Die Bücher von xy sind der letzte Dreck", sind alles andere als geeignet, Friedlichkeit im Umgang miteinander zu erzeugen. Wer bei der Auswahl von Kandidaten sagt „der ist nicht so wertvoll wie der andere" – transportiert ausweglose Hierarchievorstellungen. Und wer im Wartezimmer des Kinderarztes angesichts von Eltern mit behinderten oder schwer kranken Kindern überschwänglich von den tollen Leistungen seines eigenen Kindes redet, das ja nur wegen einer Routineimpfung zum Arzt muss, der hat keinen Stil.

Am Umgang mit dem Gegner und am Umgang mit dem Verlierer dieser Gesellschaft zeigt sich die Humanität einer Gesellschaft. Und d. h. in der Schule: Wir brauchen Menschen, die sich insbesondere jener annehmen, die mit der Anpassung an das öffentliche Schulsystem ihre Probleme haben. Wir müssen uns in ihre Lage versetzen und überlegen, wie wir ihr Leben trotz ihrer Verluste und ihres Verliererseins lebenswert machen. Wir beseitigen auf diese Art und Weise eine Fülle von

Konflikt- und Aggressionsanlässen, die ja, wie die Statistiken zeigen, oft jene treffen, die auch in der Schule schlecht sind. Ist das ein Programm zur „political correctness"? Insofern die neuen Normen nur als eine neue Sprachregelung verstanden würden – ja. Was aber nicht authentisch und ohne Überzeugung vertreten wird, das wirkt ohnehin nicht. Ist die neue Stilistik vielleicht „Gutmenschentum", besonders langweilig, weil es die Freude unserer Mitmenschen an Kritik, Streit, am Fertigmachen, am Kampf frustriert? Möglich. Für Schüler, Lehrer und Eltern mit notorischem Spaß an Streitereien und Kampf wird man die entsprechenden Spiele, Rollenspiele, sportlichen Wettkämpfe, Streitgespräche organisieren müssen. Man muss sie aber darauf hinweisen, dass sie dann auch das Verlieren ertragen müssen. Wer als erwachsener Mensch freiwillig das Risiko des Verlierens eingeht, braucht keine pädagogische Begleitung – Kinder und Jugendliche aber schon.

3.3 Was gehört alles zu einer neuen Stilistik?

Das Problem bei der Entwicklung von Stilistiken ist, dass man sie ganzheitlich erfassen müsste, dass aber für die sprachliche Darstellung nur der konsekutive Weg der Kommunikation zur Verfügung steht. Das bedeutet: Man muss lauter Einzelheiten hintereinander darstellen. In gewisser Weise können allerdings Metaphern helfen, die Stilistiken zu verdeutlichen. So wird im Folgenden zwar eine Aufzählung der kognitiven, emotionalen, aktionalen und konstruktiven Stilistiken angeboten, zugleich aber auch mit Metaphern versucht, sich dem stilistischen Ideal zu nähern.

Die neue Stilistik hat allerdings einige Kennzeichnen, die man mit dem Bild des „inquiring man" (Kelly) vergleichen könnte. Die Beherrschung der eigenen aggressiven Erregungen und die zivilisierte Reaktionen auf die anderer Menschen hat sehr viel damit zu tun, wie realistisch das Welt- und Selbstbild des Menschen ist. Die kognitive Durchdringung der Reaktionsweisen von Menschen, mit anderen Worten mit einer psychologischen und soziologischen Analyse, führt, wie eine Studie von Brandstädter (1980) gezeigt hat, zu einer aufgeklärten, disziplinierten und durch Überlegungen gekennzeichneten Haltung. Der seinen aggressiven Impulsen folgende Mensch wäre das genaue Gegenteil dessen, was aufgrund psychologischer und soziologischer Forschung zu wünschen wäre. Der „forschende Mensch" versucht, die ihm gegenüber stehenden sachlichen und menschlichen Erfahrungen zu analysieren und mehrperspektivisch zu betrachten. Er sieht seine Erfahrungen nicht nur aus seiner eigenen Perspektive, sondern er versucht, die der anderen Menschen ebenso zu verstehen. Dahinter verbirgt sich eine alte Menschheitserfahrung, die sich auch viele Mediatoren, Politiker und Verhandlungsleiter zu eigen gemacht haben. Sie versuchen, einen „Sattelpunkt", einen Kompromiss, eine „win-win"-Situation zu erzeugen. Nicht nur aus Menschenliebe, sondern weil der friedliche Kompromiss auch für die eigenen Interessen optimal ist. Der Begriff des „Sattelpunktes" ist im Rahmen der psychologischen Spieltheorien entwickelt worden, „Spiel" heißt in diesem Falle nicht „Kinderspiel", sondern Simulation (z. B. im „Prisoner Dilemma Game"), und er meint, dass an diesem Punkt einer Verhandlung beide Partner einen zwar individuell nicht maximalen, aber weniger risikoreichen Kompromiss für sich finden.

Die Suche nach Kompromissen beziehungsweise gangbaren Wegen ist nicht zu vergleichen mit der Heuristik „Der Klügere gibt nach". Um ein Appeasement, um Flucht und Resignation kann es bei der Prävention von Gewalt und Aggressivität in sozialpädagogischen Kontexten nicht gehen. Die Chance, Kindern und Jugendlichen zu vermitteln, wie man geschickt mit der eigenen und fremden Aggressivität umgehen kann, darf nicht von vorne herein dadurch verspielt werden, dass man Notfallreaktionen und Kurzschlusshandlungen vermittelt. Gesucht wird also der intelligente Umgang mit aggressiver Erregung und schädigendem Verhalten.

3.3.1 Kognitive Stilistik – die Realität friedlich deuten

Die kognitive Stilistik umfasst die rationale Rekonstruktion von Fällen aggressiver Erregung und schädigenden Verhaltens. Sie beschäftigt sich damit, warum Menschen aggressiv erregt werden und deshalb ihre

Mitmenschen schädigen wollen. Die Auseinandersetzung mit Fällen, in denen Menschen blind empört zu Gewalt gegriffen haben, aus Rache, aufgrund einer Fehde, aufgrund des Gefühls, dass man sie nicht anerkennt, aufgrund von Frustrationen – diese Auseinandersetzung gehört zur Voraussetzung einer jeglichen Prävention. Viele Programme haben die kognitive Auseinandersetzung mit interaktiven Problemen und mit dem Deutlich-Machen unterschiedlicher Perspektiven auf das eigene Geschehen zum Thema. Kompetenzen wie Empathie (die Situation mit den Augen des anderen sehen), Perspektivenübernahme, eigene Ziele und Werte relativieren können, Gefühle anderer Menschen besser erkennen können, Ideen zur Konfliktlösung, zur Schlichtung, zur Vermeidung von Beleidigungen haben sollen dadurch gefördert werden (vgl. Nolting, 2005).

Im Einzelnen gehörte dazu, dass man die Wahrnehmung von Verhaltensweisen trainiert bzw. sich anhand von Videoaufzeichnungen in der eigenen Wahrnehmung korrigieren lässt. Wie genau nehme ich etwas wahr? Dazu gehört auch, dass man die Verhaltensweisen richtig deutet, nicht nur wahrnimmt. Wenn ein Kind beispielsweise das Gerangel an der Tür als aggressive Schädigungen wahrnimmt, so muss dieses Kind dahin geführt werden, diese Schädigungen als unabsichtlich und normal, als eigentlich nicht zu verhindern wahrzunehmen und zu deuten. Auch der Verlust des besten Freundes oder der besten Freundin muss kognitiv bearbeitet werden. Kinder und Jugendliche brauchen Gespräche, nicht unbedingt Belehrungen, sondern indirekte Hilfen, diese Frustration zu ertragen. Die schlechten Noten und die angeblich ungerechte Bewertung müssen thematisiert werden und es muss versucht werden, Kinder und Jugendliche davon zu überzeugen, dass sie noch einige Schwächen haben. Dass das Zugestehen eigener Schwächen nicht die Person abwertet, dass sie trotzdem weiterhin wertvoll bleibt etc.

Zur kognitiven Stilistik gehört weiterhin, dass man die Folgen seines Verhaltens korrekt einschätzen kann. Wer zuschlägt und den Gegner demütigt, muss damit rechnen, dass dieser sich rächt. Die Abschätzung der Folgen des geplanten aggressiven Verhaltens muss kognitiv antizipiert werden können, so dass nicht unüberlegt in eine konflikthafte Auseinandersetzung unter Nutzung körperlicher Gewalt eingetreten wird. Der Gegner könnte ja z. B. auch stärker sein.

Die kritische Betrachtung von Redensarten, Verhaltensprinzipien und Regeln, die das Alltagswissen zum Umgang mit Aggressionen bereithält, kann ebenfalls zur Bildung einer kognitiven Stilistik dienen. Gibt der Klügere immer nach? Ist es richtig, dass man sich nichts gefallen lassen darf? Muss man Beleidigungen sofort rächen? Ist schonungslose Kritik auch bei Geschmacksfragen nötig? Muss man seine eigene Meinung immer hart vertreten? Ist Durchsetzungsfähigkeit eine soziale Tugend oder Untugend?

Die kognitive Stilistik ist nicht nur eine Aufgabe für Schüler und Schülerinnen. Auch Lehrer sind während des Unterrichtes mehr oder weniger pausenlos Anlässen ausgesetzt, auf die man aggressiv reagieren könnte. Gerade in der Auseinandersetzung mit den zahllosen Störungen und Frechheiten haben Lehrkräfte eine große kognitive Aufgabe. Sie müssen lernen, dass die Schwierigkeiten nicht nur ihrer Person gelten, sondern eher ihrer Rolle. Auf diese Deutung müssen sich übrigens andere Berufe auch verständigen, die weitaus mehr Verletzungen durch ihre Klienten erfahren: z. B. Polizisten, Altenpfleger, Krankenpfleger, Sonderpädagogen bei erziehungsschwierigen Schülern, Justizvollzugsbeamte, medizinisches Personal inklusive der Ärzte, Kontrolleure etc.

Im aktuellen Schulsystem hat man die Neigung, alle erzieherischen Aufgaben auf gesonderte Unterrichtsstunden, in denen ein evaluiertes Programm angewendet wird, zu konzentrieren. Diese Art der Konzentration nimmt den Programmen – wie weiter unten noch dargestellt wird – die positiven Wirkungen, weil sie u. U. durch die übrige, nicht vorbildliche Unterrichtszeit in ihren Effekten wieder geschmälert werden. Die Kunst wird darin bestehen, die erzieherischen Elemente in den Unterrichtsvollzug einzubauen, d. h., Lehrer und Lehrerinnen müssen lernen, während des Unterrichtes und während der unvermeidlich auftretenden Störungen im Unterricht den Umgang mit aggressiven Erregungen und mit schädigendem Verhalten so vorzuleben, wie es gewünscht wird. D. h. z. B., dass der Umgang mit Leistungs-Rückmeldungen und disziplinarischen Maßnahmen der hier entwickelten kognitiven, emotionalen, konstruktiven und aktionalen Stilistik entsprechen muss.

Eine kognitive Vorbereitung ist auch für die Bewertung einer (vermeintlichen) Schädigung notwendig. Das Individuum muss entscheiden, ob die Schädigung so schwerwiegend war, dass es reagieren muss bzw. wie es reagieren soll. Wann ist eine Reaktion angemessen? In welcher Form? Wann ist eine Reaktion zu stark, wann ist sie zu schwach? Gäbe es auch Alternativen zu der Bewertung, die ich mir gerade überlegt habe? Die Bewertung und Deutung einer Situation, in der ich persönlich eine Schädigung erlebe, muss Gegenstand einer kognitiven Vorbereitung und Antizipation des Aggressionsgeschehens sein. Hierzu gehört auch, dass man sich überlegt, wie eine bestimmte Reaktion, die man eventuell plant, beim Gegenüber wirkt. Hierzu gehört – wie könnte es anders sein – eine gehörige Portion kognitiver Reflektiertheit. Diese pädagogisch herzustellen braucht Zeit.

3.3.2 Emotionale Stilistik – Schädigungen ertragen lernen

Wenn man eine Metapher für die emotionale Stilistik sucht, dann wäre es das Bild eines disziplinierten, leidensfähigen und bescheidenen Menschen. In der heutigen Zeit dürfte dieses Bild eher auf ein ungläubiges bzw. skeptisches Lächeln stoßen. In einer Ich-Gesellschaft mit zunehmend aufgeblähtem Selbst Bescheidenheit zu verlangen wirkt zugegebenermaßen nicht unbedingt zeitgemäß. Wer zeitgemäß sein will, der muss den selbstbewussten und an seiner Selbstverwirklichung besonders interessierten Zeitgenossen fordern. Dessen mögliche Rücksichtslosigkeit würde aber zur Perpetuierung des unzivilisierten Gewaltgeschehens führen. Wenn man das will, sollte man nicht über eine unerträgliche Zunahme der Rücksichtslosigkeit lamentieren. Man bekommt immer das, was man wirklich will.

Emotionen haben immer einen engen Bezug zu den Kognitionen. Wer eine Schädigung kognitiv als „nicht so schlimm" klassifiziert, wird automatisch auch keine hohe aggressive Erregung erleben. Die kognitive Stilistik bahnt gewissermaßen die emotional folgende Stilistik an. Die Kognition ist das Einfallstor für Gefühle. Eine Selbstinstruktion zur Entdramatisierung von Aggressionsanlässen gehört zu dem, was Schüler, Eltern und Lehrer lernen müssen.

Zur emotionalen Stilistik gehört eine gewisse Ataraxia, d.h., eine stoische Ruhe. Der Mensch entwickelt Nehmerqualitäten. Er regt sich über leichte Schädigungen nicht so schnell auf, sie perlen an ihm ab, er reagiert nicht empfindlich auf mögliche Nachteile, die er durch andere erfährt. Er kann das, was ihm geschieht, als „kismet", als Schicksal gelassen und mit Ruhe aufnehmen. Schöne Forderungen, viele Menschen werden sie nicht erreichen können. Die Sensibilität der Menschen gegenüber Schädigungen hat, wie weiter oben schon dargestellt worden ist, durchaus genetische Teilursachen. Ein Mensch kann „eine Menge ab", wie es im Volksmund heißt, bezeichnet genau diese Fähigkeit oder er ist „dünnhäutig", „regt sich schnell auf". Mit einem aufgeblähten Größen-Selbst (s. o.) wird man allerdings auch deutlich feinfühliger gegen kleine Zurücksetzung, empirisch gesichert durch Studien zum instabilen überhöhten Selbstwertgefühl (Baumeister & Bushman, 2002).

Oftmals entstehen Menschen, die sich über Schädigungen kaum aufregen auch dadurch, dass sie Schädigungen kognitiv nicht erkennen bzw. derartig in sich ruhen und die Umgebung vernachlässigen, dass sie durch andere Menschen kaum irritierbar sind. Solche Art Stumpfheit muss kein erstrebenswertes Ziel für alle sein.

Der moderne, sozial erwünschte Charakter lässt „alles raus", was in ihm ist, er „kotzt sich aus". Die bulimisch-defäkierenden Redewendungen sind verräterisch. Immer wieder hat man nämlich den Eindruck, dass Menschen, die ihre Triebregungen öffentlich rauslassen oder in Talkshows „aus dem Bauch heraus" argumentieren, dieses als besonders schick empfinden und es sagen, um sich des Beifalls der Mehrheit unserer Bevölkerung sicher zu sein. Und in Wirklichkeit etwas anderes denken. Ähnlich wie jene, die ihre Aussagen gelegentlich mit der Floskel „also dass muss ich ganz ehrlich sagen" garnieren – weil sie sonst offenbar nicht ehrlich sind. Die Forderung nach Beherrschung der Triebe ist genauso unmodern wie die nach Bescheidenheit.

Gerade bei der Prävention von Gewalt und Aggressivität kommt es aber auf das so genannte „anger management" (s. u.) an, d. h., wie man mit seinen aggressiven Erregungen umgeht. Eine wirkungsvolle Prävention von Aggressivität und Gewalt ist nur dann möglich, wenn viele Menschen lernen, bei der Beherrschung ihrer aggressiven Erregungen erfolgreich zu sein bzw. sie so stark zu beherrschen, dass sie nicht zu blindem und unüberlegtem Gewalthandeln führen.

Menschen, die ihren Mitmenschen einen direkten Zugang zu ihren innersten und geheimen Empfindungen öffnen, werden in der Öffentlichkeit als echt und ehrlich deklariert. Das dürfte ein spätes Missverständnis der Psychoanalyse sein. Durch die Unterteilung in „Über-Ich", „Ich" und „Es" konnte der Eindruck erweckt werden, dass die „wahre" Persönlichkeit im „Es" schlummert. Das war in der Psychoanalyse und ihren Folgeschulen nie der Fall. Der „wahre" Mensch ist immer ein nicht scheidbares Konglomerat aus „Über Ich", „Ich" und „Es".

Wie können Kinder und Jugendliche die Beherrschung ihrer aggressiven Emotionen lernen? Auf jeden Fall im Rahmen einer geduldigen Erziehung, die den Heranwachsenden den Sinn und die Möglichkeiten der Beherrschung aggressiver Erregungen deutlich macht. Hierzu können Verbalisierungen dienen, die man selber benutzt, um seine Erregungen zu dämpfen. Die bekannten Einreden wie: „eine Nacht darüber schlafen", „nicht in der ersten Erregung etwas tun, was man später bereut", langsam sagen „Heu-Wä-gel-chen", sich „am Riemen reißen", sich beruhigen etc. Diese Regeln müssen den Heranwachsenden konkret und minutiös vermittelt werden. Oftmals denken erziehende Erwachsene, dass eine Formulierung wie „Reiß dich am Riemen!" den Heranwachsenden bekannt sein müsste. Bis man die Frage hört: „Was heißt das eigentlich ‚sich am Riemen reißen'?" In einem solchen Fall ist man als Lehrer oder Lehrerin gezwungen, den Vorgang der Beherrschung von Emotionen zu formulieren. Zumeist wird man beruhigende Einreden formulieren, etwa „Vorsicht: erstmal überlegen und dann handeln" oder „langsam, langsam" oder „ich will mich jetzt nicht aufregen", „ich denke an etwas anderes", „ich lenke mich ab", „ich gehe erst einmal zur Seite", „ich sage gar nichts, obwohl ich es will". Sprache wird hier durch ausführlichere Sprache, durch Operationalisierungen also, ersetzt. Eine Arbeit, die viel Phantasie und eine genaue Beobachtung der eigenen inneren Beherrschungsprozesse erfordert.

Na klar: Humor und Ironie, paradoxe Vorstellungen, eine humorvolle Distanz zu seinen eigenen Beleidigtheiten, die Fähigkeit, auch über sich selbst zu lachen – wünschenswert wäre es, um die Provokationen und Frustrationen, die uns durch andere beigebracht werden, zu ertragen. Wie aber lernen es Kinder und Jugendliche, wenn sie keine Lehrer haben, die das vormachen können?

Wo ist die Beherrschung für die Schüler und Schülerinnen am schwersten? Es dürfte klar sein, dass bei plötzlichen körperlichen oder verbalen Beleidigungen eine schnelle Unmutsreaktion wahrscheinlich ist. Reflexartig könnte man angesichts eines körperlichen Angriffes zurück schlagen. Oder bei einer Beleidigung eine entsprechend giftige Bemerkungen schlagfertig absondern.

Abgesehen von solchen Fällen aber ist die Beherrschung aggressiver Erregungen dann besonders schwierig, wenn sie aus einer bloßen Antipathie, aus Abneigung gegen bestimmte Personen, gegen bestimmte Gruppen, gegen bestimmte politische und religiöse Überzeugungen, gegen einen bestimmten Musikgeschmack, gegen Kleidungs- und Essensvorlieben, gegen ein bestimmtes Aussehen, gegen bestimmte Gerüche entspringt. In einem Großteil der Literatur zur Aggressivität und Gewalt werden solche monadischen Anlässe der Aggressivität selten beachtet. Dazu würde man auch den Neid zählen, der eine ganz starke Triebkraft für aggressive Schädigungen sein kann. Die Schadenfreude, die Unterlassung von Anerkennung für echte Leistungen, der Neid auf die Freunde und Freundinnen eines anderen Schülers, all das gehört in die eigentlich interaktiv grundlosen Anlässe für schädigendes Verhalten. Und diese Formen der Erregung über andere, die „einem nichts getan" haben, muss beherrscht werden.

Diese Abneigungen und unüberwindlichen Antipathien sind historisch nur Thema gewesen bei Jakob Moreno (1953), einem der Promoter der Soziometrie. Seine Empfehlung: aus dem Wege gehen, ausweichen. Mit seiner „soziometrischen Umordnung" der Gesellschaft hat er versucht, die Menschen mit denjenigen zusammenzubringen, über die sie sich nicht aufregen müssen und die nicht zu aggressiven Erregungen Anlass bieten. In einem berühmt gewordenen Heiligen-Beispiel sagte er:

> „Jeder Mensch folgt seiner inneren Sehnsucht, jeder ist guten Willens, und dennoch scheitert die Gemeinschaft als Ganzes. Selbst wenn jedes Mitglied unserer Gesellschaft die Vollkommenheit eines Heiligen erreichte, wären die Interaktionen der Heiligen vielleicht immer noch unvollkommen. Zwei Heilige müssen miteinander harmonieren und mehrere auch als Gruppe segensreich wirken können" (Moreno, 1953, S. 396).

Mit anderen Worten: Antipathie oder Sympathie ist etwas, was kaum durch Pädagogik oder Therapie geändert werden kann – auch Heilige (als Metapher für perfekte Menschen) können davon befallen werden.

Aus diesem Grunde empfiehlt er ausweichende Strategien. Da das im gegenwärtigen Schulsystem nur in begrenztem Maße möglich ist, z. B. bei der inneren Differenzierung nach Sympathie, muss auch die aggressive Erregung anlässlich einer Abneigung beherrscht werden. Im Erziehungsprozess wird es schließlich darauf ankommen, auch Widersprüche bei der Beherrschung von Abneigungen zu diskutieren. Dass man einerseits im Feuilleton in aggressiver Sprache andere „fertig macht", in der Politik und Wirtschaft im sprachlichen und sonstigen Umgang mit Gegnern nicht zimperlich ist, in den Medien spannende und kontroverse Diskussionen wünscht, in denen es „richtig knallt", von Kanzlern „Machtworte" und „Durchsetzungsvermögen" fordert und auf der anderen Seite aber Friedlichkeit für das Miteinander der Schüler predigt – das muss man als Heranwachsender erst mühsam lernen, ohne daran Anstoß zu nehmen. Hier müssen Regelungen im Schulalltag gefunden werden, mit denen alle leben können: Wer für XY schwärmt, darf andere nicht schmähen, die für AB schwärmen.

Zur Emotionalität wird hier auch die Bescheidenheit gezählt. Man könnte sie selbstverständlich auch bezüglich ihrer kognitiven Komponenten dort einsortieren. Es geht bei Bescheidenheit um ein Bewusstsein, dass man nicht alleine auf der Welt lebt und dass auch andere Menschen ein Recht auf Verwirklichung ihrer Ziele haben. Mit der Philosophie des „aufgeblähten Selbst" (s. o.) empfinden Menschen alles, was sie einschränkt, als frustrierende Beleidigung. Das larmoyante Klagen über mangelnde politische Mitwirkungsmöglichkeiten ist nur verständlich, wenn man den überhöhten Anspruch, dass eigene Ansichten sich bei der Mehrheit durchsetzen müssten, zur Kenntnis nimmt. Nur Menschen mit einem überwältigend großen Selbst können sich über die Tatsache aufregen, dass sich ihre persönlichen Meinungen in der Politik nicht durchsetzen. Sie übersehen, dass ihre eigenen persönlichen Meinungen die eines einzelnen von Millionen anderer Menschen sind.

Im Schulsystem kann man Menschen entdecken, die ihre Ideen und Vorstellungen über die Gestaltung von Schule und Unterricht verwirklicht sehen wollen. Sie wollen der Gemeinschaft „ihren Stempel" aufdrücken. Ist dieses qua Gesetz den Schulleitern und Lehrkräften zugestanden, so werden auch dort überwertige Selbstvorstellungen gepflegt. Schulleiter, die sich anmaßen, über alles zu bestimmen, sind genauso unbescheiden wie Kollegen und Kolleginnen, die andere missionieren wollen. Und auch bei den Schülern und Schülerinnen halten sich einige für mehr wert als andere. Wie weiter oben ausgeführt, ist gerade diese überwertige Selbstwertvorstellung häufiger mit Aggressivität verbunden als bei Vorliegen von Bescheidenheit. Bescheidene Menschen sind mit größerer Wahrscheinlichkeit friedlicher.

Bescheidene Menschen maßen sich nicht an, andere zu unterdrücken, sie maßen sich nicht an, besser sein zu wollen als andere, sie sind in der Lage, auch in der Mitte oder am Ende einer Hierarchie zu leben. Sie werden nicht krank, wenn sie nicht die Besten sind. Oder anders als einer der Amokläufer: Sie haben kein Problem damit, bei einem Spiel nur Dritter oder gar Letzter zu werden. Sie können verlieren.

Bescheidenheit und die Identifikation damit ist eine Grundvoraussetzung für mehr Friedlichkeit. Es geht in keinem Fall um eine Schauspielerei von Bescheidenheit, sondern um echte Zufriedenheit mit der Situation, dass auch andere Menschen ein Recht auf Anerkennung, Glück, Erfolg und Gewinn haben. Der Kölner sagt: „Man muss och jönne könne!".

Gerade unter den „Führungskräften" im pädagogischen System existieren manche, die eine unangenehme Stilistik ihrer übergroßen Bedeutung an den Tag legen: Professoren genauso wie Dezernenten, Schulräte, Direktoren und Qualitätsinspektoren. Da diese Berufsgruppen bei der therapeutischen Behandlung in Büchern über die „Gewalt in der Schule" gerne herausgehalten werden, sei an dieser Stelle vermerkt, dass sie nunmehr auch als Ursachen für aggressive Erregungen im Schulsystem verantwortlich sind.

3.3.3 Aktionale Stilistik – Angriffe zivilisieren

Für viele Menschen ist die aktionale Stilistik eindeutig: der friedliche Umgang mit Konflikten, die Vermeidung übermäßiger aggressiver Erregung und von schädigendem Verhalten muss Ziel aller Aggressions- und Gewaltprävention in der Schule sein. Gewaltfreie Kommunikation à la Marshall B. Rosenberg (2010) oder das „Nichtkampfprinzip" von Lenz (2005) mögen für die konsequente und engagierte Verwirklichung des gewaltfreien Prinzips stehen. In der gewaltfreien Kommunikation nach Marshall B. Rosenberg geht es zunächst um ein nicht bewertendes Verstehen des Gegenübers bzw. der Mitteilung einer Beobachtung (auch wenn der einen gerade kritisiert hat, ähnlich dem „aktiven Zuhören"), sodann wird das Gefühl ausgedrückt (ähnlich „Ich-Botschaft"), das mit der Beobachtung bei mir verbunden ist, dann wird das eigene Bedürfnis geäußert (damit der andere einen gut verstehen kann) und schließlich endet der Vorgang mit einer Bitte, aber auch die Nichterfüllung ist in Ordnung. („Ich beobachte, dass Du …", „Mir geht es damit nicht gut …", „Ich habe das Bedürfnis, dass …", „Bist Du bereit, das zu tun …"). Lernen kann man das nur „live" – weniger durch lesen. Es ist eine grundlegende Änderung der eigenen Kommunikation, die auch nicht so mechanisch repetiert werden soll, wie hier erläutert.

Solche Forderungen setzen das voraus, was viele immer schon gewünscht haben: Den Aufbau von Hemmungen für aggressive Erregungen und schädigendes Verhalten. Die kann man leidinduziert erreichen, indem das Leid der Opfer erfahrbar wird, man kann sie – paradox – durch Bestrafen der aggressiven und schädigenden Verhaltensweisen (lerntheoretisch gesichert) konditionieren oder aber durch die Entwicklung moralischer Hemmungen entwickeln (vgl. Nolting, 2005).

Trotz Bescheidenheit, trotz einer genauen Kenntnis der Hintergründe für ein schädigendes Verhalten, trotz eines aufgeklärten kognitiven Umgangs mit aggressiven Erregungen und schädigenden Verhalten kann das schädigende Verhalten ein derartiges Ausmaß annehmen, dass man sich selber zu schädigendem Verhalten eines anderen Menschen entschließen muss: Man muss sich wehren. Es ist sogar denkbar, dass man auch als friedfertiger Mensch zu schlagen gezwungen ist. Man agiert aus Notwehr oder um Schlimmeres zu verhüten. Teilweise sind solche Reaktionen auch juristisch trotz des Gewaltmonopols des Staates erlaubt.

Es soll nicht verschwiegen werden, dass es auch bei der Diskussion um Prävention von Gewalt und Aggressivität in der Schule Ansätze gibt, in denen insbesondere die körperlichen Auseinandersetzungen unterdrückt werden und die es schon als Fortschritt werten, wenn die Auseinandersetzungen nur verbal geführt werden. Dies könnte man als Parteinahme für die sprachlich geschickten Menschen auslegen. Sie wollen ihre mangelnde körperliche Fähigkeit zur Gegenwehr unter Umständen durch neue Regeln einer nur sprachlich möglichen Gegenwehr durchsetzen. Von den möglichen seelischen Verletzungen her betrachtet, kann man davon ausgehen, dass psychische Schädigungen, die subtil und raffiniert begangen werden (also nicht nur Schimpfworte), durchaus zur langfristigen Traumatisierung eines Schülers beitragen können. Manchmal kann die Niederlage in einem Boxkampf weniger traumatisch nachwirken. Auch hier ist die öffentliche Meinung in der Bewertung widersprüchlich.

Was die Gegenwehr bzw. die Einmischung in körperliche Gewalt anbelangt, sind konträr ausgegangene Fälle zu berichten. Einerseits konnten Menschen, die sich erfolgreich mit Gewalt gegen Terroristen oder Gewalttäter durchgesetzt haben, als Helden gefeiert werden – so der „Held von Detroit", Jasper Schuringa, ein Holländer, der in USA den Terroristen Abdulmutallab im Flugzeug überwältigt hat. Andererseits sind dramatische und tragische Fälle mit tödlichem Ausgang für zwei Helfer in Deutschland zu berichten: Ewald Brunner auf dem S-Bahnhof Solln, der eine Auseinandersetzung zwischen Jugendlichen und Kindern schlichten wollte und und dabei starb, und Emeka Okoronkwo, der zwei Frauen helfen wollte, die von zwei anderen Männern belästigt wurden, wurde erstochen. Brunner hatte Erfahrung mit Kampfsport, Okoronkwo eine Ausbildung in Streitschlichtung. Beides hat nichts genutzt. Angesichts solcher Vorfälle muten manche Vorschläge zur Gegenwehr in Notfällen bei Schülern (Ich-Botschaften, anschreien) als ziemlich naiv an.

Die Fälle zeigen, dass in dem einen Fall die körperliche Auseinandersetzung nicht erfolgreich war und mit dem Tod des tapferen Mitbürgers endete, und in dem anderen Fall zeigte sich, dass auch die bloße verbale Konfliktlösung mit dem Tod des zur Hilfe eilenden ebenso mutigen Mannes endete. Man kann also solche Einmischungen nicht grundsätzlich jedem empfehlen. Banal, aber zwingend: Sie sind nur erfolgreich, wenn man überlegen ist. Man ist überlegen, wenn man sich mit einer Übermacht entschlossen wehren kann, wenn man selbst deutlich stärker ist als der Angreifer bzw. wenn man sicher sein kann, dass die Polizei schnell helfen kann oder – auch das muss erwähnt werden – wenn man in Waffenbesitz ist und der Gegner nicht.

In Situationen, in denen die Macht mit jenen ist, die sich für die Gerechtigkeit und Recht einsetzen, ist eine Nutzung der Übermacht, mithin die Anwendung von Gewalt in bestimmten Situationen durchaus sinnvoll. Ganz unabhängig vom Gewaltmonopol des Staates. Ungerechtfertigte Schädigungen könnten aufgrund der Gegenwehr seltener werden. Wehrlosigkeit kann Gewalttäter auch ermuntern, ihre eigenen Interessen noch schamloser gegen andere Menschen gewaltsam durchzusetzen. Die Grundidee der „balance of power" (Gleichgewicht der Abschreckung) taucht, gemäß der fraktalen Auffassung von gesellschaftlichen und individuellen Prozessen, auch in der Interaktion zwischen Angreifer und Opfer auf – nicht nur zwischen Nationen z. B. im „kalten Krieg" (ca. 1950 bis 1990).

In einem Leserbrief an die FAZ vom 11. 10. 09 hat Marie Winkel auf eine besondere Paradoxie der Erziehung zu Gegenwehr hingewiesen: „Gewalt jeglicher Art ist zu Recht verpönt und wird daher aberzogen. Eine Person jedoch, die Gewalt ihr Leben lang als negativ und als unbedingt zu unterdrückende Lösung oder als menschenunwürdigen Reflex eingeordnet hat, wird nicht in Zeiträumen von Sekunden ihre ‚Gewaltsperre' überwinden können." Man könnte hinzufügen: Wann hat man schon gelernt, sich wirksam zu wehren? Wer körperliche Gegenwehr nicht übt, kann sie in Notsituationen auch nicht anwenden.

Eine stilistische Lösung dieses Dilemmas zwischen Friedfertigkeit und Gewaltlosigkeit einerseits und Gewaltanwendung als Gegenwehr andererseits kann nur darin bestehen, dass ein absoluter Vorrang für zivilisierte verbale und sonstige Schlichtungsverfahren und ein entschiedenes Verbot für körperliche *und* psychische Verletzungen für Schüler und Schülerinnen erzieherisch durchgesetzt werden. Auch für Schülerinnen und Schüler muss gelten, dass körperliche Gewalt und Verletzungen, aber auch schwere seelische Traumatisierungen die „ultima ratio" einer Auseinandersetzung sind. Die Reaktionen auf aggressive Erregungen und auf Schädigungen müssen unbedingt zivilisiert werden. Für diese Zivilisierung sind im schulischen Alltag Regelungen und Ordnungen, auch Verfassungen und Verfahrensweisen notwendig. Einige Programme wie das Streitschlichter-Programm bzw. das Trainingsraumkonzept (Balke, 2003) basieren auf solchen Regelungen von Auseinandersetzungen.

Abgesehen von der Gegenwehr, die im Übrigen auch trainiert werden muss, müssen auch Flucht und Appeasement (Besänftigung, Beschwichtigung) als mögliche Reaktionen auf Gewalt und schädigendes Verhaltens kalkuliert werden. Schüler, Eltern und Lehrer sollten wissen, wann Situationen das Risiko aggressiver Erregungen und schädigenden Verhaltens steigern. Täter sind oft auch Opfer – ein Zeichen dafür, dass Situationen der potentiellen Aggressionseskalation nicht gemieden wurden.

Die Anpassung und Unterordnung an den ungerechtfertigten Gewalttäter kann diesen unter Umständen besänftigen – sicher aber ist eine derartig „feige" Strategie in ihrem Friedlichkeit erzeugenden Ergebnis nicht. Der Appeasement-Vorwurf stammt aus der Zeit, in der Politiker der West-Mächte überlegten, ob sie Hitlers Expansionsdrang nach dem Einmarsch in Österreich und der Tschechoslowakei gewaltsam bremsen sollten oder ob eine zurückhaltende Beschwichtigung und ein Entgegenkommen gegenüber gewaltsamen Eroberungen kriegerische Konflikte vermeiden könnten.

Darf man lügen, um Gewalt zu verhindern?

Die Anpassungs-Strategie ist genauso wie die Gegenwehr immer mit einer Erfolgsunsicherheit behaftet. Vor allen Dingen dann, wenn die pädagogischen Impulse in Kindheit und Jugend auf eine vollständige Unterdrückung körperlicher Gegenwehr und einer Ächtung des Gewalttäters hinauslaufen. Dann wird man ihn (den Unmenschen) weder beschwichtigen noch durch wehrhafte Taten besänftigen können.

Wenn sich ein Konflikt mit Drohungen lösen lässt, ist dies natürlich eine Vermeidung körperlicher Auseinandersetzungen. Ob man die Bedrohung zur Durchsetzung ungerechtfertigter Ansprüche akzeptieren kann ist eine pädagogische Frage, die eine Diskussion aller Beteiligten voraussetzt. Besser wäre es, auch Drohungen würden seltener vorkommen.

Man kann bei der Zivilisierung von Aktionen auf Schädigungen oder aggressive Erregungen ein präaktionales Repertoire von einem reaktionalen unterscheiden. Sinnvoll und mit größter Priorität sollte es zunächst um präaktionale Strategien gehen. Schüler und Schülerinnen sollten versuchen, ihre Konflikte gewissermaßen im Vorfeld durch Diskussionen und Schlichtungsregelungen zu lösen. Und nur als ultima ratio sollten sie zur Notwehr greifen dürfen.

Zur aktionalen Stilistik gehört auch die Nachbereitung aggressiver Erregungen und schädigender Auseinandersetzungen. Hierzu gehört das Vergeben und Vergessen, das Wieder-Vertragen, die Trennung von Tat und Person, der Täter-Opfer-Ausgleich, die Entschuldigung, die guten Vorsätze für die Zukunft. Gerade im Kindes- und Jugendalter müssen Etikettierungsfolgen (die Zuschreibung „Olaf ist immer gewalttätig" macht aus ihm vielleicht einen tatsächlichen Gewalttäter) so weit wie möglich vermieden werden – die Eröffnung neuer Chancen zur Besserung in der Zukunft müssen engagiert vertreten werden. Auch für gewalttätige Kinder und Jugendliche gilt: „no child left behind".

Nolting (2005) empfiehlt in seinem Buch „Lernfall Aggression" u. a. die Verminderung von Anregern, „entärgernde" Denkweisen, den Aufbau von Aggressionshemmungen, das Lernen alternativer Verhaltensweisen und das Lernen von friedlichen Konfliktlösungen und die Beeinflussung von Interaktionssystemen (Familien, Schulen etc.). Auch das ist der Entwurf einer Stilistik.

3.3.4 Konstruktive Stilistik – Ressourcen im Unterricht aktivieren

Eine positive, vorbeugende, konstruktive Gestaltung des Schullebens kann auf zweierlei Arten gewaltpräventiv wirken: es werden Anlässe für aggressive Erregungen verhindert, insofern sie vermeidbar sind, und die Schule schafft Ressourcen, durch guten Unterricht, gute Beziehungen zwischen Lehrern und Schülern, ein positives sozial-emotionales Klima, weil Schule dann angenehmer (nicht völlig angenehm, keine Spaß-Schule) wirkt. Grund: Menschen, die zufrieden sind, sind weniger gewaltbereit und weniger fremdenfeindlich (Dollase/Koch 2010 i.V., $N = 7800$, $r = .26$). Positive Gefühle und positive soziale Interaktionen wirken als Puffer für negative Gefühle (Smith & Mackie, 2007).

Wodurch erreicht man diese friedlichkeitsfördernde Gestaltung des Schullebens?

Durch guten, störungsfreien Unterricht, ein angenehmes soziales Klima und dadurch, dass die Schüler das Gefühl haben, sie erleben einen Lernzuwachs.

Man kann, basierend auf den Ergebnissen der Meta-Analysen, drei Hauptfähigkeiten von Lehrkräften unterscheiden, die den guten Unterricht insgesamt ausmachen:
1. Die Fähigkeit zur Gruppenführung („classroom management"), d. h. die Fähigkeit, die Nachteile einer Gruppe zu kompensieren, Vollbeschäftigung im Unterricht zu erreichen, gleichzeitig fruchtbare Lernprozesse bei vielen zu erreichen.
2. Die Fähigkeit zur Beeinflussung von Schülern, d. h. sie veranlassen, überzeugen, erziehen, verändern zur Selbststeuerung anregen etc.
3. Die Fähigkeit zum Unterrichten, d. h. Fachkenntnisse haben und vermitteln können, Übungs- und Kontrollaufgaben stellen können, Lernarrangements und -material herstellen können, Antworten und Lösungen bewerten können etc.

Unnötig zu sagen, dass Reversibilität die Realisierung der Tausch/Tausch-Dimensionen (Achtung, Wärme, Rücksichtnahme, Einfühlungsvermögen, Echtheit), Enthusiasmus und viele andere in der herkömmlichen Lehrerausbildung immer wieder betonte Verhaltenweisen, einen guten Unterricht ausmachen (Tausch & Tausch, 1977). Lehrkräfte müssen eine Bindung zu den Schülern (eine fachliche, wohlgemerkt, in einem angenehmen menschlichen Klima) aufbauen, um Schüler leicht motivieren und veranlassen zu können. Sie müssen sich auskennen in der Bedürfnisstruktur auch der älteren Schüler und Schülerinnen. Jeder Mensch braucht die Befriedigung seiner Bedürfnisse nach Zugehörigkeit und Einzigartigkeit, nach Anerkennung seiner Individualität. Er braucht Sicherheit vor Angriffen, mobbing und Ansehensverlust durch Mitschüler und Lehrer, um seine Wissens- und Leistungsbedürfnisse aktualisieren zu können (Maslowsche Bedürfnishierarchie).

Ein guter Unterrichtserfolg stellt sich nur dann ein, wenn das soziale Klima, wenn der Umgang aller miteinander positiv ist. Hochleistung stellt sich nur in einem angenehmen Sozialklima ein. Aggressions- und Gewaltfreiheit in der Schule trägt sicher erheblich zum besseren Lernklima bei.

Unterricht macht den größten Zeitanteil des Schülerlebens aus. Am psychologisch bedeutsamsten sind allerdings nur bestimmte Ereignisse im Unterricht. Immer dann, wenn man im Verständnis nicht „mitkommt", wenn andere besser sind, wenn man vom Lehrer getadelt wird und andere gelobt, von ihm und den Mitschülern ausgelacht wird, wenn man sich als Versager darstellen muss – kurz: wenn der eigene Selbstwert durch die ganz normale Unterschiedlichkeit in der Leistung und Beliebtheit der Mitschüler und das darauf reagierende Lehrerverhalten bedroht wird. Noch kürzer: wenn man Ärger in der Schule hat. Der ist – so die Position hier – nirgends und nie zu vermeiden. Man muss also lernen, damit „umzugehen" (die Vokabel „umgehen" ist zu schwach – man muss lernen damit „fertig zu werden", was dem amerikanischen „to cope with" und „coping" m. E. besser entspricht – „to deal effectively with a difficulty").

Nun muss man aber aus erzieherischen Gründen die Anlässe zur aggressiven Erregung nicht übertreiben, vermehren, in der Bedeutung überhöhen oder besonders hart gestalten – man kann sie mildern, kann das fertigwerden damit stilistisch erleichtern. Wie also kann man das notwendige Wettbewerbs- und Leistungsprinzip mildern?

Eine ganz große Bedeutung kommt der Leistungsbeurteilung zu, der laufenden wie der in den Zeugnissen. Ein erster Schritt ist die Betonung der Vieldimensionalität der Schülerpersönlichkeit. Der Mensch ist für die Gesellschaft mehr wert, als es die Noten zum Ausdruck bringen – es gibt wesentlich mehr Aspekte, die für seinen Beitrag zum Gemeinwohl von Interesse wären. Daraus folgt unmittelbar und logisch das mehrperspektivische Portfoliozeugnis und eine Unterdrückung der Zusammenfassung von Teilleistungen zu Fachnoten oder Durchschnittsnoten. In einem zweiteiligen Aufsatz habe ich diese Lösung vor einigen Jahren dargestellt (Dollase, 2005a, b): Aufzählung unterschiedlicher Leistungen in einem Fach ohne Zusammenfassung, z. B. Vergleichsarbeiten-Ergebnisse, Klassenarbeiten, Referate, besondere Interesse und Stärken im Fach etc. Dem Zeugnis sollten auch Referenzen, Beurteilungen der außerschulischen Bildungsanbieter beigelegt werden dürfen. Die differenzierte Sicht auf „mein" eigenes Leistungsprofil, vor allem auf „meine" Stärken, kann die emotionale Belastung durch „meine" relativen Schwächen mildern.

Generell vermeidet man Hitparaden von Lehrern und Schülern – weder müssen die Schüler mit ihrem Notenschnitt (der ohnehin abgeschafft werden muss) öffentlich ausgehängt werden, noch muss die Rangreihe der Lehrerbeliebtheit ins Internet gestellt werden. Eine Schuluniform kann helfen, frustrierende Unterschiede des elterlichen Textiletats zu kaschieren. Die Reaktion auf Schulversagen muss „menschlich" sein. Man bietet Hilfe an. Auf der anderen Seite vermeidet man den übertriebenen Jubel um die Sieger und die Besten. Schule und Beruf sind keine Fußballmeisterschaften – wer gut ist, hat gegenüber der Gemeinschaft eine besondere Verpflichtung. Er muss seine Qualität zum Wohle aller einsetzen. Soziale Verantwortungsübertragung ist die passende Reaktion auf überragende Qualität. Die Rangreihen und Hierarchien im Schulsystem müssen flacher werden – bei Schülern wie Lehrern. Sieger müssen lernen, den Verlierer zu respektieren – Verlierer den Sieg der Besseren anerkennen. Ausgelacht, gehänselt und verpönt wegen der Leistung wird niemand …

Ein Beispiel: Ruhrgebiet, Duisburg-Hamborn-Bruckhausen, auch schon in den 1950er Jahren ein belasteter Stadtteil. Die fußballspielenden Kinder auf dem Schulhof kicken begeistert auf die Tore, die von nichts mehr als zwei aufgeschichteten Steinen als Pfosten markiert wurden. Am Ende des Spiels – irgendjemand wurde von der „Ollen" (ja, so wurden hin und wieder die Muttis despektierlich genannt, Vater natürlich „der Olle") zum Abendessen gerufen – gab's einen Schlussritus. Man stellte sich in zwei Reihen gegenüber auf und der Mannschaftsführer der siegreiche Mannschaft sprach „Dem fairen Verlierer ein dreifaches …" und dann im Chor „Zicke, zacke, Hühnerkacke, heu, heu heu" – ehe selbiges von den Verlierern im Chor gebrüllt wurde. Proletenkinder, fürwahr, aber Verliererehrung ging vor Siegerehrung.

Natürlich, wir brauchen eine Siegerkultur und eine Verliererkultur – wenn wir beim Wettbewerbs- und Leistungsprinzip bleiben wollen – nein nicht nur dann –, auch wenn wir als Menschen gemeinschaftlich und nicht in autistischen, egozentrischen Milieus miteinander irgendwie leben wollen, ist eine soziale Einbindung des Verlierers und Frustrierten notwendig. Fatal und eigentlich Volksverdummung ist die von Wissenschaft und Politik hin und wieder geäußerte Behauptung, durch Schulstrukturreformen oder verbesserte Schulen könne man das Verlieren aus der Welt schaffen. Nein – durch nichts wird die Bitterkeit des Verlierens und Schlechtseins eliminiert. Aber wir alle können stilistisch helfen. Und alle müssen lernen, Niederlagen zu verarbeiten. Sobald standardisierte Verfahren (Vergleichsarbeiten, Zentrale Abschlussprüfungen, Sprachstandserhebungen, Schulfähigkeitstests, Intelligenztests) eingesetzt werden, fallen ziemliche Prozentsätze unserer Öffentlichkeit in Ohnmacht, weil sie aus Unkenntnis über sichere und unsichere Schlussfolgerungen aus Tests Angst vor deren Etikettierungsverwendung haben. Aus diesem Grunde sollten solche Verfahren nur von Psychologen (Schulpsychologen) eingesetzt werden. Deutschland hat unter den Industriestaaten die wenigsten Schulpsychologen – lediglich China hat noch weniger. In Niedersachsen – Deutschlands Schlusslicht – kommt ein Schulpsychologe auf rund 26 000 Schüler und Schülerinnen (Dollase, 2010). Schulpsychologen sind nicht nur diagnostisch tätig – sie können gerade auch bei der Gewaltprävention und -intervention wesentliche Beiträge leisten.

In einer eigenen Studie, die insgesamt 7800 SchülerInnen umfasste, konnten statistisch bedeutsame und relevante Zusammenhänge festgestellt werden, die da lauten: Wenn der Unterricht ruhig verläuft, d.h. ohne Störungen, wenn die LehrerInnen nett sind und die Schule nicht langweilig ist, dann ist die verbale Gewalt geringer, dann ist die körperliche Gewalt geringer und dann ist die Gewalt gegen Sachen geringer (Dollase et al., 2000). Durch den guten Unterricht und die Nettigkeit der Lehrerinnen und Lehrer schaffen wir Puffer und Ressourcen, die es den Schülern und Schülerinnen, auch wenn sie Verlierer sind, leichter machen, mit den Frustrationen des Schulsystems fertig zu werden.

3.5 Programme und Stilistik – Pluspunkte und Grenzen

Wie ein „ceterum censeo" wird in Praxis und Wissenschaft gebetsmühlenhaft wiederholt, dass man „evaluierte Programme" brauche, um wirksam handeln zu können. Auch wenn wir von der sorgfältigen Evaluation und Erforschung eines Programms ausgehen und einmal darauf verzichten, die Kosten für wirklich sorgfältige Experimentiererei zu kalkulieren, bleiben auch bei dieser Evaluationsstrategie zur Qualitätsverbesserung noch einige offene Fragen.

Dabei sollen die Pluspunkte der zahlreichen nationalen und internationalen Anti-Gewaltprogramme nicht vergessen werden: Sie versorgen Praktiker mit einer Menge von Ideen, sie sind rational transparent, d. h. sie basieren im Idealfall auf wissenschaftlicher Forschung und haben ihre Wirksamkeit empirisch bewiesen, ihr Einsatz hat das Image der Professionalität. Dieser basiert wiederum auf der rationalen Transparenz.

Was ist ein Programm? In guten Programmen (z. B. gegen Gewalt oder Fremdenfeindlichkeit) werden nicht nur Standards und Evaluationsverfahren vorgegeben, sondern auch Prozesse. Es wird aufgeschrieben, welche Methoden man anwenden muss, um die gewünschten Ergebnisse zu erhalten. Man hofft durch derlei „geregelte Interaktion" die Effekte, die man vorher, in der vorbereitenden Evaluation des Programms (gegen eine Kontrollgruppe), gefunden hat, auf alle zukünftigen ProgrammanwenderInnen generalisieren zu können. Leider gibt es die Beobachtung, dass kaum ein Programm „teacher proof" (wörtlich: lehrersicher, also anwendersicher) ist. Aller Erfolg hängt offenbar von der Persönlichkeit des Anwenders ab. Schon 1972 hat Weikart die Frage aufgeworfen, ob es überhaupt möglich sei, so genannte „teacher proof curricula" herzustellen, d. h. Programme oder Curricula, die von der Persönlichkeit des Ausführenden unabhängig sind (Weikart, 1972). Heute wird dasselbe Phänomen unter dem Stichwort „treatment integrity" diskutiert, d. h. ob das Programm, so wie es gedacht war, auch tatsächlich realisiert wurde.

Der Ruf nach Prävention, d. h. nach Umgestaltung dieser Gesellschaft in jenen Bereichen, die aggressionsauslösend sind, ist nur zu verständlich. Mit den Begriffen der primären, sekundären und tertiären Prävention hat man unterschiedliche Formen dieser Vorbeugung unterschieden. Primäre Prävention zielt darauf ab, Voraussetzungen dafür zu schaffen, dass das problematische Verhalten nicht auftritt, sekundäre hat zum Ziel, das bereits eingetretene problematische Verhalten zu reduzieren und zum Verschwinden zu bringen, und tertiäre Prävention strebt an, das problematische Verhalten, das bereits eingetreten ist und von dem angenommen wird, es kann nicht mehr zum Verschwinden gebracht werden, in seinen Auswirkungen zu begrenzen. Am schönsten wäre die primäre Prävention – unumgänglich leider jedoch die sekundäre und tertiäre Prävention.

Die auch „Intervention" genannte Form der Auseinandersetzung mit Gewalt (also sekundäre oder tertiäre Prävention) ist oft ausgesprochen unangenehm.

Als Beispiel sollen die sieben Stufen der Konfrontation in einer Besserungsanstalt für aggressive Jugendliche aus Glen Mills in den USA dienen:

1. Freundliche Geste, nonverbaler Hinweis auf den Normverstoß.
2. Geste wird wiederholt mit ernstem Gesichtsausdruck, aber immer noch stumm.
3. Freundlich-verbale Aufforderung: „Bitte, sei so gut!".
4. Barsche Aufforderung, Befehlston erlaubt.
5. Alarm (support), der Ermahnende ruft alle erreichbaren Personen seiner Umgebung zur Hilfe. Die Pflicht zum Support ist auch eine Norm. Der Konfrontierte wird umzingelt. Volksgemurmel, Friedlichkeit nach Lage. Pflicht des Konfrontierten, Blickkontakt zu halten.
6. Nase an Nase. Um die Aufmerksamkeit des Jugendlichen zu erzwingen, darf nun ein Mitarbeiter – und nur ein Mitarbeiter – den Konfrontierten berühren, seinen Kopf mit Kraft auf Blickkontakt drehen und ihn im Millimeterabstand beschimpfen, bis er sich entschuldigt.
7. Matratze. Sehr selten. Wehrt sich der Konfrontierte, werfen ihn so viele Mitarbeiter wie nötig zu Boden und halten ihn nieder, bis er sich beruhigt. Abwandlung: Der Delinquent wird von der Gruppe mit einer Turnmatte an die Wand gedrückt. Die Konfrontation ist beendet, wenn das Opfer heult oder sich entschuldigt (zitiert nach SPIEGEL)

Man kann sich vorstellen, dass derartige sekundäre Präventionen (oder Intervention) relativ nervenaufreibend für sozialpädagogische, psychologische und pädagogische Mitarbeiterinnen und Mitarbeiter sind. Deswegen scheint primäre Prävention der angenehmere und wesentlich stressfreiere Ansatzpunkt zu sein.

Es ist eine gesonderte Arbeit wert, alle Programme und die Ergebnisse entsprechender Evaluationen zusammenzustellen – so viele gibt es und so unterschiedlich sind die Evaluationen. Es gab in der Vergangenheit durchaus solche kritischen Reviews, z. B. von Helmut M. Artus vom Informationszentrum Sozialwissenschaften in Bonn (1999), das „Düsseldorfer Gutachten" (2002) oder eine Zusammenstellung von Jutta Hundertmark-Mayser (2002). Auch Bründel & Hurrelmann (1994), Hurrelmann & Bründel (2007), Nolting (2005) u. a., die Monographien zum Thema verfasst haben, ergänzen ihre Ausführungen um Aufzählungen von Programmen. Beispiele: Streitschlichterprogramm, Trainingsraumprogramm (Balke, 2003; Bründel, 2007), Konstanzer Trainingsmodell, Landauer Anti-Gewalt-Programm, Verhaltenstraining nach Petermann etc. Die Arbeitsgemeinschaft AJS NRW (2008) empfiehlt z. B. folgende Programme: Faustlos für Kitas und Grundschulen (Heidelberg), Freunde (Aktion Jugendschutz Bayern), Papilio (beta Institut Augsburg), spielend streiten lernen (Werkstatt Friedenserziehung), die wilde Hilde und der kluge Hugo (JA Viersen), Effekt (Entwicklungsförderung in Familien, Uni Erlangen Nürnberg), Streitschlichterprogramme, Konflikt-Kultur (AGJ Freiburg), „Fairplayer" und „Odysseus Fit for Life" (Bremer Institut für Pädagogik und Psychologie), Buddy Projekt (buddy e.V. Düsseldorf), Schülerseminare (Märkischer Kreis), Bündnis für Erziehung im Kreis Gütersloh, das „KlasseKInderSpiel" (Heilpädagogische Akademie für Erziehungshilfe, Köln), Lions Quest – erwachsen werden (Wiesbaden), Sozialtraining nach Petermann/Jugert (AWO Mittelrhein), PiT Hessen (Frankfurt), WenDo Kurse, Konflikt-, Anti-Mobbing- und Zivilcouragetraining (LJA Rheinland), Konstruktive Konfliktbearbeitung, Gewaltfreie Kommunikation nach M. B. Rosenberg, Deeskalationstraining, Theaterpädagogische und Körpersprache-Trainings (BUT e.V. Köln), No Blame Approach (fairaend), Täter-Opfer-Ausgleich, Schulschiedsstellen NRW, Coolnesstraining (CT), Anti-Gewalt-Trainings, konfrontative/provokative Gesprächsführung, Anti-Aggressivitäts-Training (AAT), Einzeltraining DENKZEIT etc. Man wundert sich, dass überhaupt noch etwas passiert.

Die Aufzählung ist nicht vollständig. In den vielen Projekten ist nahezu alles enthalten, was man sich denken kann. In den Programmen wird gelernt, belohnt, geübt – viele schon bekannte und auch hier erwähnte Maßnahmen werden zusammengebunden.

Ein Kritikpunkt ist z. B., dass man bei einem Programm, das ja verschiedene Wirkfaktoren zu einem Cocktail zusammenrührt, nicht weiß, welche einzelnen Elemente nun den tatsächlichen Erfolg oder

Misserfolg verursacht haben. Man müsste also auch bei der experimentellen Konstruktion von Programmen die Wechselwirkung der N-Teilfaktoren eines Programms untereinander untersuchen. Jeder weiß, wie aufwendig eine solche Untersuchung ist, wenn man daran denkt, dass man auch Konfigurationen von Faktoren, die ja bei drei Variablen schon gleich acht verschiedene Alternativkombinationen ausmachen, untersuchen müsste – was eigentlich aus pragmatischen Gründen selbst in der experimentellen Wissenschaft undurchführbar ist.

Des Weiteren müsste die externe Validität so gründlich untersucht werden, dass Programme in der Tat von der Persönlichkeit des Anwenders unabhängig sind. Das lässt sich sicherlich durch Vorschaltung von Trainings für die Programmanwender verringern, aber nicht ganz ausschließen.

Zwei weitere Kritikpunkte sind allerdings kaum in den Griff zu bekommen: Die Ausgangslage der Adressaten einer Maßnahme kann derartig unterschiedlich und kompliziert sein, dass ein Programm nicht auf alle Ausgangslagen angepasst werden kann. Die „Probandengeeignetheit" ist ein nahezu unlösbar erscheinendes Problem für ein Programm, das durch vorgeschaltete Diagnostik zwar minimiert werden kann, in dem man auf deren Grundlage die Ausgangslage homogenisiert, aber diese Homogenisierung ist nur im Hinblick auf wenige Kriterien möglich. Grundsätzlich nicht prospektiv verhinderbar ist außerdem das Auftauchen von Störungen, Widerständen der Adressaten, die sich einfach nicht in ein Programm fügen wollen bzw. wie im schulischen Unterricht die unglaublichsten Widerstände und Verhaltensweisen an den Tag legen können. So etwas kann die Anwendung eines Programms völlig unmöglich machen und der betreffende Mensch, der für die Herstellung eines Verhaltens- und Erlebensproduktes zuständig ist, wird wiederum auf seinen pädagogischen oder psychologischen Einfallsreichtum angewiesen sein. Kompetente Personen, die hochgradig flexibel sind, sind hierfür nötig. Ein kybernetischer Sinnspruch lautet: „Only variety can destroy variety."

Leichter hingegen ist das Problem zu lösen, wie man die Programme mit der tatsächlichen schulischen oder außerschulischen Realität der Programmanwender kompatibel macht. Dieses Problem wird selten gelöst. So werden z. B. im Vorschulbereich naturwissenschaftliche Programme nur für fünf Kinder konzipiert, die man in einem getrennten

Raum belehrt. Solche Programme werden evaluiert, vermelden Erfolge, aber die Standardsituation „fünf Kinder in einem Raum mit einem Erwachsenen" führt in der Praxis zu einer Art Wartesaalpädagogik, d. h. die anderen 20 Kinder einer Gruppe toben derweil draußen mit einer Helferin herum, während fünf ein Programm für wenige Minuten genießen. „Implementationsforschung" heißt, zu untersuchen, ob und wie ein Programm an die Bedingungen der Praxis angepasst werden kann. *Evaluierte Programme können vollständig versagen, wenn sie nicht in den Alltag der Praxis passen.*

Die Forschung arbeitet weltweit an der Frage der Minimierung von Aggressivität und Gewalt bei Kindern und Jugendlichen, wobei Programme und Maßnahmen im Schul- und Bildungssystem natürlich im Vordergrund stehen.

McGuire (2008) schreibt: „personal violence can be reduced by psychosocial interventions", aber er fügt hinzu, „much more research ist required [...] to delineate the parameters of effectiveness". Er weist damit auf ein Problem hin, das auch in Deutschland existiert, die Effektivität vieler Programme wird nicht kontrolliert und auch nicht adäquat erforscht. Untersuchungen ohne Kontrollgruppen sind immer noch selten, weil die betreffenden Initiatoren denken, Hauptsache wir untersuchen das, jedes Prozent Gewalt ist negativ, ohne dass man eine Kontrollgruppe hätte um einen Vergleich anzustellen (McGuire, 2008). Ein neueres Beispiel ist etwa eine Untersuchung zur Gefühlslage von armen Kindern, bei denen man dann feststellt, dass 90 % glücklich sind und 10 % nicht und bewertet diesen Prozentsatz als schlimm. Man kann so etwas nur machen, wenn man eine Kontrollgruppe von reichen Kindern hätte und zeigen könnte, dass die sich noch glücklicher fühlen als die armen Kinder.

Die Studie von McGuire ist quasi eine „Meta-Meta-Analyse", d. h. die Zusammenfassung verschiedener Meta-Analysen, in denen es um Programme und Maßnahmen geht, was man gegen Aggressivität und Gewalt tun kann. Er kommt zu insgesamt fünf Vorschlägen:

„Anger Management": d. h., die aggressiven Emotionen müssen vom Individuum kontrolliert werden.

Intervention für junge aggressive Menschen: z. B. ein interpersonelles Fähigkeitstraining, das dann positiv ist, wenn es dazu führt, dass man überlegt, was man tun kann und nicht spontan reagiert. Eine strukturierte individuelle Beratung ist besser als eine nicht direktive Beratung. Positiv ist auch ein Verhaltenstraining und positiv ist auch, wenn man Familiengruppen mit Ersatzeltern bildet und ein adäquates familiäres Verhalten trainiert.

Die *Entwicklung kognitiver Fähigkeiten für Erwachsene und ältere Jungerwachsene*, in denen sie über Situationen, deren Zustandekommen und deren Veränderungsmöglichkeiten nachdenken müssen.

Eine *kognitive Selbstveränderung*, d. h., Programme sind dann positiv, wenn die Bedeutungen der Situation und der Welt geändert werden und *Multimodale Interventionen*, die positiv sind, wenn es sich um eine Mischung verschiedener erfolgreicher Techniken handelt.

McGuire stellt drei wichtige, auch politisch wichtige, Forderungen auf: 1. Positiv ist es, wenn in Gewalt-vermindernden-Programmen *die Kontrolle der eigenen Emotionen gelernt wird*, wenn interpersonelle Fähigkeiten gefördert werden und wenn das soziale Problemlösen angebahnt wird. 2. Es ist mehr *Forschung* zu den multimodalen Programmen notwendig (Übrigens: noch nie gab es Forscher, die das nicht gefordert hätten.) 3. Generell muss die *Dauer und Intensität der Programme* erhöht werden. Die aktuelle, aus finanziellen Gründen entstandene Erwartung, dass man mit wenig Geld und kurzzeitigen Interventionen etwas erreichen kann, ist durch die Meta-Analyse von McGuire noch einmal widerlegt worden. Die meisten Programme sind zu kurz und zu wenig intensiv.

Eine ebenfalls aus dem Jahre 2008 stammende Meta-Analyse zu den Bullying-Programmen (Bullying = Schwächere mit Gewalt einschüchtern) von Merrell u. a. bescheinigt bescheidene Effekte der Programme. Aber die Programme beeinflussen Kenntnisse, Einstellungen und Selbstwahrnehmung, leider aber nicht das aktuelle Bullying-Verhalten. D. h., diese Programme sind oft zu wenig intensiv, so dass das Verhalten nicht geändert werden kann (Merrell, Gueldner, Ross, & Isava, 2008).

Hahn und 16 andere Autoren haben im Jahre 2007 eine Meta-Analyse zur Effektivität von „universal school-based programs" vorgelegt und fassen ihr Ergebnis wie folgt zusammen: „The results of this review provide strong evidence that universal school based programs decrease rates of violence and aggressive behavior among school aged children", d. h. also, ein positives Gesamtfazit für diese schulbasierten Programme (Hahn et al., 2007).

Die Effektivitätsmaße, die hier als ein relativer Gewinn der Programme für Kinder und Jugendliche gegenüber einer Kontrollgruppe operationalisiert werden, liegen zwischen 1 % und im Maximum 61 % bei den Peer-Mediationsprogrammen. D. h.: um so viele Prozent hat sich das Verhalten der Programmkinder und -jugendlichen gegenüber einer Kontrollgruppe verbessert. Ebenfalls gut sind nahezu alle anderen Ansätze, die in der Studie verfolgt werden. Der hohe Wert für die Peer-Mediationsprogramme ergibt sich auch daraus, dass bislang nur zwei Untersuchungen existieren. Die „Soft Skills", also soziale Fähigkeiten und Kompetenzen fördernde Programme haben einen durchschnittlichen Gewinn gegenüber der Kontrollgruppe von 19,1 %, was aber als bedeutsamer zu gewichten ist als die Mediationsprogramme, weil es eben sehr viele Untersuchungen gibt.

In ähnlicher Weise hatten schon Wilson u. a. (2003) argumentiert. Sie warnen davor, positive Aspekte von Demonstrationsprogrammen über zu bewerten. Sie haben in ihrer Meta-Analyse festgestellt, dass Routine-Programme deutlich schwächere Effekte haben. Aus diesem Grunde reicht es nicht, wenn man sehr eindrucksvolle Demonstrationsprogramme hat und großartige Effekte feststellt, sondern man muss sehen, ob sich etwas auf Dauer und in der Fläche bewährt, und insofern sind die Soft Skills-Programme aus der vorhergehenden Meta-Analyse in ihrer Wirkung also sehr positiv zu bewerten (Wilson & Lipsey, 2007; Wilson, Lipsey, & Derzon, 2003).

Es gibt in den 2000er-Jahren selbstverständlich noch weitere Meta-Analysen, die positive Resultate erbracht haben. Sie können nicht alle hier referiert werden. Zwei sollten trotzdem erwähnt werden, weil es sie auch in Deutschland gibt: Eins ist das „Wilderness challenge program" von Wilson und Lipsey 2000, die über eine Evaluation der „Abenteuerpädagogik" berichten. Der Rat der Evaluatoren ist allerdings, dieses Abenteuerprogramm mit einer therapeutischen Komponente zu verknüpfen. Ebenfalls positiv im internationalen Vergleich werden die Programme „Students to be Peacemakers" (Schüler lösen Konflikte – in etwa: Streitschlichter) herausgestellt, die in der Tat dazu führen, dass Aggressivität und Gewalt sinkt (Wilson & Lipsey, 2000).

4
Ein Schlusswort – bildungspolitische und pädagogische Strategien

In diesem Buch wurden Aggressionen anders definiert als üblich. Ob eine Schädigung oder ein Anlass für aggressive Erregungen absichtlich oder nicht absichtlich geschieht, sollte unerheblich sein. Daraus ergibt sich ein erweitertes Verständnis für die Prävention von aggressiven Erregungen und schädigendem Verhalten in der Schule. Normale Regeln des Wettbewerbs- und Leistungsprinzips erzeugen psychologisch aggressive Erregungen und schädigendes Verhalten. Der Zwang, Schule im Kollektiv zu organisieren, führt zur weiteren unumgänglichen Quellen aggressiver und schädigender Emotionen bzw. schädigendem Verhalten. Schule ist, wie jede denkbare Gesellschaft, ein „Mensch ärgere Dich nicht"-Spiel.

Aus dieser unumgänglichen Tatsache folgt logisch, dass das zentrale Problem der Prävention von Aggression und Gewalt in der Schule die Beherrschung aggressiver Erregungen, die Unterdrückung schädigenden Verhaltens und folglich die weniger hysterische Deutung von Frustrationen im Schulsystem ist. Das wäre allein noch nicht besonders. Hier wurde die *Gleichzeitigkeit* und die *stilistische Vollständigkeit* der notwendigen Präventions- und Interventionsmaßnahmen betont (Anreger verringern, Provokationen weniger schwer nehmen, Reaktionen zivilisieren). Man kann diese Forderungen zusammenfassen als *stilistische Zivilisation* eines dysfunktional gewordenen archaischen Phänomens: aggressive Erregungen und schädigendes Verhalten sind evolutionäres Erbe der Menschheit, das dem Selbstschutz und dem Erfolg gegen andere dient. Es wird in der Form der Steinzeitmenschen heute nicht mehr gebraucht.

Punktuell eingesetzte Programme helfen nur wenig, da sie dazu verführen, alle Präventionsarbeit auf die Programmwirkung zu verlagern, anstatt zu erkennen, das alles, vor allem das eigene berufliche Verhalten von A bis Z, auf dem Prüfstand steht. Wichtiger ist eine umfassende friedliche Stilistik, die hier skizziert wurde. Ungewöhnlich dürfte es auch sein, dass man die Beherrschung aggressiver Erregungen als eine zentrale Aufgabe der Prävention von Gewalt und Aggression in der Schule ansieht. Schüler, Eltern und Lehrer müssen insbesondere lernen, die unvermeidlichen Frustrationen, die durch das Zusammenleben entstehen bzw. auch dadurch, dass man (oder der Nachwuchs) schlechter ist als andere, zu beherrschen: „anger management" ist auch in der internationalen Forschung eine zentrale und vor allem wirksame Präventionsaufgabe.

Moderne Schüler und Schülerinnen werden nicht nur durch direkte Angriffe ihrer Person provoziert, sondern auch durch eine Provokation des „erweiterten Selbst". Die Identifikation mit Personen, Gruppen, Kategorien, kulturellen Vorlieben, Nationalitäten und Religionen hat eine risikoreiche Folge: die Angriffsflächen der Schüler werden umso größer, je deutlicher und je intensiver die Identifikationen mit dem „erweiterten Selbst" sind. Die Vermeidung von Schädigungen des erweiterten Selbst bedeutet auch eine Abkehr von vielen Formen der überflüssigen Kritik an individuellen Eigenheiten, die als feuilletonistische „Rezension" oder „Freiheit der Meinung" getarnte Unverschämtheiten sind. Toleranz gegenüber dem erweiterten Selbst im engeren Sinne ist gefragt, d. h. in einer kulturell heterogenen und pluralen Gesellschaft kann und darf es nur zivilisiert vorgetragene Angriffe auf das erweiterte Selbst geben. Schüler und Schülerinnen, Lehrer und Lehrerinnen und Eltern müssen lernen, auf die Kritik und die Veränderung von funktional nicht relevanten Aspekten des erweiterten Selbst zu verzichten bzw. ihre Meinungsäußerungen zu zivilisieren. Ob ein Mensch mir sympathisch ist oder nicht – es darf kein Anlass für den Versuch der Änderung oder Herabsetzung des anderen und seines erweiterten Selbst sein. Ganz normale Prinzipien wie Wettbewerbsorientierung, Leistungsprinzip und Bestenauslese schaffen Frustration und in deren Gefolge aggressive Erregungen und schädigendes Verhalten. Die Abschaffung dieser Prinzipien ist nicht möglich. Es geht also nicht darum, die Weltrevolution wieder neu zu beginnen und ein anderes gesellschaftliches System oder Wirtschaftssystem zu fordern. Einen derart aussichtslosen Kampf hat die 68er-Generation in den späten 1960ern und in den 1970er Jahren unternommen – sie ist kläglich gescheitert. Ich erinnere mich, dass Diskussionen in der damaligen Zeit auch im universitären Bereich oftmals in der banalen Erkenntnis mündeten, dass „alles gesellschaftlich bestimmt sei" und dass man das Problem „gesellschaftlich" lösen müsse. Gesellschaftlich, so hat die Geschichte gezeigt, lässt sich überhaupt kein Problem mehr lösen, das, was Politik steuerungstechnisch anbieten kann, ist derartig wenig, dass man kein Wort darüber verlieren sollte. Eine demokratische Gesellschaft mit den unterschiedlichsten Interessen ist derart immobil, dass sich die verändernden Reformkräfte gegenseitig neutralisieren. Was übrig bleibt, ist eigentlich auch wichtiger als die sogenannten gesellschaftlichen Einflüsse, nämlich die Interaktion von Mensch zu Mensch. Das, was Lehrer, Pädagogen, Eltern, Polizisten im Kontakt mit anderen tun und wie sie sich gegenseitig beeinflussen, erklärt in allen Studien, die es hierzu gibt, immer mehr an den Problemfällen als die sogenannten gesellschaftlichen Kräfte (Dollase, Bieler, Ridder, Köhnemann, & Woitowitz, 2000).

Diese Schlussfolgerung mag manchem als überraschend erscheinen, aber sie ist wissenschaftlich-statistisch belegt, z. B. dass die Schulleistung nach den Persönlichkeitscharakteristika der Schüler und SchülerInnen in erster Linie von der Person des Lehrers oder der Lehrerin abhängt. Das gilt in den USA genauso wie in der Bundesrepublik. Sie hängt weniger ab von schulorganisatorischen und gesellschaftlichen Einflüssen. Ich selbst habe eine Untersuchung durchgeführt, in der ich die Macht der Lehrer und Lehrerinnen gegen die gesellschaftlichen Einflüsse in Bezug auf das Entstehen von Fremdenfeindlichkeit vergleichen konnte. Es zeigte sich, dass der Einfluss von Lehrern auf Fremdenfeindlichkeit bzw. der Schulklassenzusammensetzung dreimal so stark ist wie gesellschaftliche Faktoren, und dies in belasteten Städten wie Duisburg, Wuppertal und auch in wenig belasteten Städten wie Münster beispielsweise (Dollase et al., 2000). Man kann also, was Gewaltprävention anbelangt, durchaus zuversichtlich sein, da es in unserer Hand liegt, in unseren Interaktionen mit den Schülern und Schülerinnen, ob Schüler Gewalt zeigen oder nicht. Natürlich lädt das auf die Lehrkräfte, die Eltern, auf Sozialpädagogen, auf das Personal in Beratungsstellen und in der Polizei eine erhebliche Verantwortung – aber es lässt sich leider nicht ändern, da dies der empirischen Befundlage entspricht.

So weit so gut, damit aber demnächst nicht wieder ein Journalist, wie in der Einleitung zitiert, klagen muss: „Nichts geschieht", muss man also etwas tun.

Literatur

AJS (Hrsg.) (2008): *Was hilft gegen Gewalt? Qualitätsmerkmale für Gewaltprävention. Übersicht über Programme.* Essen: DREI-W-Verlag.

Albrecht, G. (2002): Soziologische Erklärungsansätze individueller Gewalt und ihre empirische Bewährung. In: W. Heitmeyer & J. Hagan (Hrsg.), *Internationales Handbuch der Gewaltforschung.* Wiesbaden: Westdeutscher Verlag.

Anderson, C. A. & Bushman, B. J. (2001): Effects of violent video games on aggressive behavior, aggressive cognition, aggressive affect, physiological arousal, and prosocial behavior: a meta-analytic review of the scientific literature. *Psychological Science, 12* (5), 353–359.

Anderson, C. A. & Bushman, B. J. (2002): The Effects of Media Violence on Society. *Science, 295,* 2377–2378.

Aronson, E., Wilson, T. D. & Akert, R. M. (2004): *Sozialpsychologie* (4. Auflage). München: Pearson.

Artus, H. M. (1999): *Gewalt in der Schule.* Bonn: Informationszentrum Sozialwissenschaften.

Asher, S. R. & Coie, J. D. (Eds.) (1990): *Peer rejection in childhood.* Cambridge u. a.: Cambridge University Press.

Balke, S. (2003): *Die Spielregeln im Klassenzimmer: Das Handbuch zum Trainingsraum-Programm.* Bielefeld: Karoi.

Bäuerle, S. (Hrsg.) (1989): *Kriminalität bei Schülern.* Stuttgart: Verlag für Angewandte Psychologie.

Baumeister, R. F. & Bushman, B. J. (2002): Emotionen und Aggressivität. In: W. Heitmeyer & J. Hagan (Hrsg.), *Internationales Handbuch der Gewaltforschung* (598–618). Wiesbaden: Westdeutscher Verlag.

Beelmann, A. & Lösel, F. (2005): Entwicklung und Förderung der sozialen Informationsverarbeitung bei Vorschulkindern. In: T. Guldimann & B. Hauser (Hrsg.), *Bildung 4 bis 8 jähriger Kinder* (209–230). Münster: Waxmann.

Beelmann, A., Lösel, F., Stemmler, M. & Jaursch, S. (2010): Die Entwicklung sozialer Informationsverarbeitung und Vorhersage physischer Aggression im Vorschulalter. *Psychologie in Erziehung und Unterricht, 57,* 119–131.

Berk, L. (1971): Effects of variations in the nursery school setting on environmental constraints and children's mode of adaptation. Child Development, 839–869.

Bettencourt, B. A., Talley, A., Benjamin, A. J. & Valentine, J. (2006): Personality and aggressive behavior under provoking and neutral conditions: a meta-analytic review. Psychological Bulletin, 132 (5), 751–777.

Bliesener, T. (2007): Gewalttätige Kinder und Jugendliche. Familie, Partnerschaft, Recht, Schwerpunktheft: Gefährdete Kinder – Gefährliche Kinder 13, 16–20.

Bliesener, T. (2008a): Jugenddelinquenz. Formen, Ursachen, Interventionen. In: M. Steller & R. Volbert (Hrsg.), *Handbuch der Rechtspsychologie* (48–56). Göttingen: Hogrefe.

Bliesener, T. (2008b): Prävention und Bewältigung von Delinquenz und Devianz. In: F. Petermann & W. Schneider (Hrsg.), *Angewandte Entwicklungspsychologie* (677–719). Göttingen: Hogrefe.

Bliesener, T. (2008c): Resilienz in der Entwicklung antisozialen Verhaltens. In: M. Steller & R. Volbert (Hrsg.), *Handbuch der Rechtspsychologie* (78–86). Göttingen: Hogrefe.

Brandtstädter, J. (1980): Gedanken zu einem psychologischen Modell optimaler Entwicklung. *Zeitschrift für klinische Psychologie und Psychotherapie, 28* (3), 209–222.

Bronfenbrenner, U. (1976): *Ökologische Sozialisationsforschung.* Stuttgart: Klett.

Bründel, H. & Hurrelmann, K. (1994): *Gewalt macht Schule: wie gehen wir mit aggressiven Kindern um?* München: Droemer Knaur.

Bründel, H. & Simon, E. (2007): *Die Trainingsraum-Methode.* Weinheim: Beltz.

Bushman, B. J. & Anderson, C. A. (2001): Media violence and the American public. Scientific facts versus media misinformation. *American Psychologist, 56* (6–7), 477–489.

Chess, S., & Thomas, A. (1996): *Temperament: Theory and Practice.* New York: Brunner/Mazel.

Cialdini, R. (1997): *Psychologie des Überzeugens.* Bern: Huber.

Diehm, I. & Radtke, F. O. (1999): *Erziehung und Migration.* Stuttgart: Kohlhammer.

Literatur

Dodge, K. A. & Kupersmidt, J. B. (Eds.) (2004): *Children's peer relations: From development to intervention.* Washington: APA.

Dodge, K. A. & Pettit, G. S. (2003): A biopsychosocial model of the development of chronic conduct problems in adolescence. *Developmental Psychology, 39,* 349–371.

Dollase, R. (1976): *Soziometrische Techniken* (2. Auflage). Weinheim: Beltz.

Dollase, R. (1984): *Grenzen der Erziehung.* Düsseldorf: Schwann.

Dollase, R. (1985): *Entwicklung und Erziehung.* Stuttgart: Klett.

Dollase, R. (1986): Sind Kinder heute anders als früher? Probleme und Ergebnisse von Zeitwandelstudien. *Bildung und Erziehung, 39* (2), 133–147.

Dollase, R. (1995): Die virtuelle oder psychologische Reduzierung der Schulklassengröße. *Bildung und Erziehung, 48* (2), 131–144.

Dollase, R. (2000a): Jacob Levy Moreno: Who shall survive (1934). In: H. E. Lück & R. Miller (Hrsg.), *Klassiker der Psychologie* (151–155). Stuttgart: Kohlhammer.

Dollase, R. (2000b): Kinder zwischen Familie und Peers. Ergebnisse soziometrischer Zeitwandelstudien in Kindergärten, Grund- und Hauptschulen zwischen 1972 und 1976. In: Herlth, A. (Hrsg.), *Spannungsfeld Familienkindheit* (176–191). Opladen: Leske und Budrich.

Dollase, R., Ridder, A., Bieler, A., Köhnemann, I. & Woitowitz, K. (2000): Nachhall im Klassenzimmer. Zur relativen Unabhängigkeit der schulischen Integration vom Belastungsgrad der städtischen Umgebung. In: W. Heitmeyer & R. Anhut (Hrsg.), *Bedrohte Stadtgesellschaften. Soziale Desintegrationsprozesse und ethnisch-kulturelle Konfliktkonstellationen* (199–255). Weinheim: Juventa.

Dollase, R. (2005a): Gegen die Arroganz der Beurteilungssicherheit – die mehrperspektivische Beurteilung. *Schulverwaltung Bayern, 28* (11), 366–368.

Dollase, R. (2005b): Von der Arroganz der Beurteilungssicherheit. *Schulverwaltung Bayern, 28* (10), 327–329.

Dollase, R. (2010): *Situation der Schulpsychologie in Deutschland und in Niedersachsen im internationalen Vergleich.* Frankfurt: Max Träger Stiftung.

Düsseldorf, Landeshauptstadt (Hrsg.) (2002): *Düsseldorfer Gutachten: Leitlinien wirkungsorientierter Kriminalprävention.* Düsseldorf: Arbeitskreis Vorbeugung und Sicherheit.

Easterline, R. A. (1987): *Birth and Fortune. The impact of numbers on personal welfare.* Chicago: University Press.

Ferguson, C. J. & Kilburn, J. (2008): The Public Health Risks of Media Violence: A Meta Analytic Review. [Article in Press]. *Journal of Pediatrics,* 1–5.

Fuchs, M., Lamnek, S., Luedtke, J. & Baur, N. (2008): *Gewalt an Schulen: 1994–1999–2004* (2. Auflage). Wiesbaden: VS Verlag Sozialwissenschaften.

Gershoff, E. T. (2002): Corporal Punishment by Parents and Associated Child Behaviors and Experiences: A Meta-Analytic and Theoretical Review. *Psychological Bulletin 128* (4), 539–579.

Grammer, K. (1988): *Biologische Grundlagen des Sozialverhaltens. Verhaltensforschung in Kindergruppen.* Darmstadt: Wissenschaftliche Buchgesellschaft.

Grünke, M. & Castello, A. (2008): Antisoziales Verhalten. In: W. Schneider & M. Hasselhorn (Hrsg.), *Handbuch der Pädagogischen Psychologie.* Göttingen: Hogrefe.

Hagan, J., Rippl, S., Boehnke, K. & Merkens, H. (1999): Interest in evil: hierarchic self-interest and right wing extremism among East and West German youth. *Social Science Research, 28* (2), 162–183.

Hahn, R., Fuqua-Whitley, D., Wethington, H., Lowy, J., Liberman, A., Crosby, A., et al. (2007): The effectiveness of universal school-based programs for the prevention of violent and aggressive behavior: a report on recommendations of the Task Force on Community Preventive Services. *Morbidity & Mortality Weekly Report Recommendations & Reports,* 56 (RR-7), 1–12.

Harris, J. R. (2000): *Ist Erziehung sinnlos? Die Ohnmacht der Eltern.* Reinbek: Rowohlt.

Hawkins, J. D., Herrenkohl, T. I., Farrington, D. P., Brewer, D., Catalano, R. F., Harachi, T. W., et al. (2000): *Predictors of Youth Violence. Juvenile Justice Bulletin* (Information Analyses Reports – Research): Department of Justice, Washington, DC. Office of Juvenile Justice and Delinquency Prevention.

Heitmeyer, W. (1994): Das Desintegrationstheorem. Ein Erklärungsansatz zu fremdenfeindlich motivierter, rechtsextremistischer Gewalt und zur Lähmung gesellschaftlicher Institutionen. In: W. Heitmeyer (Hrsg.), *Das Gewalt-Dilemma* (29–72). Frankfurt: Suhrkamp.

Heitmeyer, W., & Hagan, J. (Hrsg.) (2002): *Internationales Handbuch der Gewaltforschung.* Wiesbaden: Westdeutscher Verlag.

Henschel, G. (2003): *Die wirrsten Grafiken der Welt.* Hamburg: Hoffmann und Campe.

Literatur

Herrenkohl, T.I., Maguin, E., Hill, K.G., Hawkins, J.D. & Abbott, R.D. (2002): Developmental risk factors for youth violence. *Journal of Adolescent Health 27* (4), 176–186

Hogg, M.A. & Vaughan, G.M. (2008): *Social Psychology* (5 ed.). Harlow: Pearson.

Hummel, H.J. (1972): *Probleme der Mehrebenenanalyse.* Stuttgart: Teubner.

Hundertmark-Mayser, J. (2002): *Projektmanual „Kriminalprävention an Schulen: Modellprojekte und Handlungsleitfäden".* Potsdam: Universität Potsdam.

Hurrelmann, K. & Bründel, H. (2007): *Gewalt an Schulen. Pädagogische Antworten auf eine soziale Krise.* Weinheim: Beltz.

Jackson, P.W. & Wolfson, B.J. (1968): Varieties of constraint in a nursery school. *Young Children, 60,* 22–27.

Kindermann, P. (2005): A psychological model of mental disorder. *Harvard Review of Psychiatry, 13,* 206–217.

Krampen, G. (2010): Zum Stellenwert evidenzbasierter Psychotherapie in der Anwendungspraxis. Ihre Einordnung in ein Pyramidenmodell zu Informationsressourcen. *Report Psychologie, 35,* 228–236.

Krumm, V. (2003): Wie Lehrer ihre Schüler disziplinieren. Ein Beitrag zur „Schwarzen Pädagogik". *Pädagogik, 55* (12), 30–34.

Lemke, D. (1981): *Lernzielorientierter Unterricht – revidiert.* Frankfurt a.M.: Lang.

Lenz, R. (2005): *Das Nichtkampf-Prinzip.* Lengerich: Pabst.

Lipsey, M.W. & Derzon, J.H. (1998): Predictors of Violent or Serious Delinquency in Adolescence and Early Adulthood. In: R. Loeber & D.P. Farrington (Eds.), *Risk Factors and Successful Interventions.* London u.a.: Sage.

Lösel, F. & Bliesener, T. (2003): *Aggression und Delinquenz unter Jugendlichen – Untersuchungen von kognitiven und sozialen Bedingungen.* Neuwied: Luchterhand.

Lösel, F., Bliesener, T. & Averbeck, M. (1999): Hat die Delinquenz von Schülern zugenommen? Ein Vergleich im Dunkelfeld nach 22 Jahren. In: M. Schäfer & D. Frey (Hrsg.), *Aggression und Gewalt unter Kindern und Jugendlichen* (65–89). Göttingen: Hogrefe.

Mansel, J. (1995): Quantitative Entwicklung von Gewalthandlungen Jugendlicher und ihrer offiziellen Registrierung. *Zeitschrift für Sozialisationsforschung und Erziehungssoziologie, 15* (2), 101–121.

McGuire, J. (2008): A review of effective interventions for reducing aggression and violence. *Philosophical Transactions of the Royal Society of London – Series B: Biological Sciences, 363* (1503), 2577–2597.

Merrell, K. W., Gueldner, B. A., Ross, S. W. & Isava, D. M. (2008): How Effective Are School Bullying Intervention Programs? A Meta-Analysis of Intervention Research. *School Psychology Quarterly, 23* (1), 26–42.

Milgram, S. (1982): *Das Milgram Experiment.* Reinbek: Rowohlt.

Möller, C. (Hrsg.). (1974): *Praxis der Lernplanung.* Weinheim, Basel: Beltz.

Moreno, J. L. (1953): *Who shall survive?* Beacon: Beacon Hause.

Moreno, J. L. (1953): *Who shall survive? Foundations of sociometry, group psychotherapy* Mummendey, A., & Otten, S. (2002). Aggressives Verhalten. In: W. Stroebe, K. Jonas & M. Hewstone (Hrsg.), *Sozialpsychologie. Eine Einführung.* Heidelberg: Springer.

Nehnevajsa, J. (1955): Soziometrische Analysen von Gruppen. *Kölner Zeitschrift für Soziologie und Sozialpsychologie, 7* (1 und 2), 119–157 und 280–302.

Nicholls, J. G., Cheung, P. C., Lauer, J. & Patashnik, M. (1989): Individual differences in academic motivation: Perceived ability, goals, beliefs, and values. *Learning and individual differences, 1* (1), 63–84.

Nolting, H. P. (1997, 2000): *Lernfall Aggression: wie sie entsteht – wie sie zu verhindern ist; ein Überblick mit Praxisschwerpunkt Alltag und Erziehung.* Reinbek: Rowohlt.

Nolting, H. P. (2005, 2007): *Lernfall Aggression: Wie sie entsteht – wie sie zu vermindern ist. Eine Einführung* (4 ed.). Reinbek: Rowohlt.

NRW, Landtag (Hrsg.) (2008): *Bericht der Enquetekommission „Chancen für Kinder".* Düsseldorf: Landtag NRW.

NRW, Landtag (Hrsg.) (2010): *Bericht der Enquetekommission „Prävention".* Düsseldorf: Landtag NRW.

Olweus, D. (2008): *Gewalt in der Schule. Was Lehrer und Eltern wissen sollten – und tun können* (4. Auflage). Bern: Huber.

Pratto, F., Sidanius, J., Stallworth, L. M. & Malle, B. F. (1994): Social dominance orientation: A personality variable predicting social and political attitudes. *Journal of Personality and Social Psychology, 67,* 741–237.

Prose, F. (1974): Abgelehnte und Unbeachtete: Zur Differenzierung von Außenseitern in Gruppen. *Zeitschrift für Sozialpsychologie, 5* (1), 30–47.

Regel, G. & Wieland, A. J. (Hrsg.). (1993): *Offener Kindergarten konkret.* Hamburg: E. B.-Verlag Rissen.

Ridder, A. & Dollase, R. (1999): Interkulturelle Integration bei Hauptschülern im Zeitvergleich 1983–1996. In: R. Dollase, T. Kliche & H. Moser (Hrsg.), *Politische Psychologie der Fremdenfeindlichkeit* (219–240). Weinheim: Juventa.

Rosenberg, M. B. (2007) Gewaltfreie Kommunikation: Eine Sprache des Lebens. Paderborn: Junfermann

Schäfer, M. (2008): Mobbing im Klassenzimmer. In: W. Schneider & M. Hasselhorn (Hrsg.), *Handbuch Pädagogische Psychologie* (pp. 515–526). Göttingen: Hogrefe.

Scheithauer, H. (2003): *Aggressives Verhalten von Jungen und Mädchen.* Göttingen: Hogrefe.

Schiffler, H. & Winkeler, R. (1985): *Tausend Jahre Schule.* Stuttgart: Belser.

Schlack, R., Hölling, H. & Petermann, F. (2009): Psychosoziale Risiko- und Schutzfaktoren bei Kindern und Jugendlichen mit Gewalterfahrungen. Ergebnisse aus der KiGGS Studie. *Psychologische Rundschau, 60* (3), 137–151.

Schütz, C., Todt, E. & Busch, L. (2002): Gewalt in deutschen Schulen 1990–2000. *Polizei und Wissenschaft, 1,* 13–27.

Smith, E. R. & Mackie, D. M. (2007): *Social Psychology* (3 ed.). Philadelphia: Psychology Press.

Straub, J. & Werbik, H. (Hrsg.). (1999): *Handlungstheorie. Begriff und Erklärung des Handelns im interdisziplinären Diskurs.* Frankfurt a. M.: Campus.

Tausch, R. & Tausch, A. M. (1977): *Erziehungspsychologie.* Göttingen: Hogrefe.

Tedeshi, J. T. (2002): Die Sozialpsychologie von Aggression und Gewalt. In: W. Heitmeyer & J. Hagan (Hrsg.), *Internationales Handbuch der Gewaltforschung* (573–597). Wiesbaden: Westdeutscher Verlag.

Tillmann, K. J., Holler-Nowitzki, B., Holtappels, H. G., Meier, U. & Popp, U. (2007): *Schülergewalt als Schulproblem: Verursachende Bedingungen, Erscheinungsformen und pädagogische Handlungsperspektiven* (3. Auflage). Weinheim: Juventa.

Tooby, J. & Cosmides, L. (1992): The psychological foundations of culture. In: J. Barkow, L. Cosmides & J. Tooby (Eds.), *The adapted mind: Evolutionary psychology and the generation of culture* (pp. 19–136). New York: Oxford University Press.

Wagenführ, H. (1996): *Soziometrische Untersuchung zur Selbst- und Fremdeinschätzung von Aggressionen an Grundschulen.* Universität Bielefeld, Bielefeld.

Walker, I. & Smith, H. J. (Eds.) (2002): *Relative Deprivation. Specification, Development, and Integration.* Cambridge: Cambridge University Press.

Watzlawick, P., Beavin, J. B. & Jackson, D. D. (1969): *Menschliche Kommunikation.* Bern: Huber.

Weikart, D. P. (1972): Relationship of curriculum, teaching, and learning in preschool education. In: J. C. Stanley (Ed.), *Preschool programs for the disadvantaged* (pp. 22–66). Baltimore: John Hopkins University Press.

Werbik, H. (1978): *Handlungstheorien.* Stuttgart: Kohlhammer.

Werner, N. E., Bigbee, M. & Crick, N. R. (1999): Aggression und Viktimisierung in Schulen: „Chancengleichheit" für aggressive Mädchen. In: M. Schäfer & D. Frey (Hrsg.), *Aggression und Gewalt unter Kindern und Jugendlichen* (153–177). Göttingen u. a.: Hogrefe.

Wicklund, R. A. & Gollwitzer, P. M. (1982): *Symbolic self completion.* Hillsdale, N. J.: Erlbaum.

Wilke, H., & van Knippenberg, A. (1992): Gruppenleistung. In: W. Stroebe, M. Hewstone, J.-P. Codol & G. M. Stephenson (Hrsg.), *Sozialpsychologie. Eine Einführung* (333–368). Berlin u. a.: Springer.

Wilson, S. J. & Lipsey, M. W. (2000): Wilderness Challenge Programs for Delinquent Youth: A Meta-Analysis of Outcome Evaluations. *Evaluation and Program Planning, 23* (1), 1–12.

Wilson, S. J. & Lipsey, M. W. (2007): School-based interventions for aggressive and disruptive behavior: update of a meta-analysis. *American Journal of Preventive Medicine, 33* (2 Suppl), 130–143.

Wilson, S. J., Lipsey, M. W. & Derzon, J. H. (2003): The Effects of School-Based Intervention Programs on Aggressive Behavior: A Meta-Analysis. *Journal of Consulting & Clinical Psychology February 2003; 71 (1): 136–149.*

Wuketits, F. (2000): *Warum uns das Böse fasziniert. Die Natur des Bösen und die Illusionen der Moral.* Stuttgart, Leipzig: S. Hirzel.

Zentner, M. R. (1993): *Die Wiederentdeckung des Temperaments.* Paderborn: Junfermann.

Peter J. Brenner

Bildungsgerechtigkeit

2010. 136 Seiten. Kart. € 14,80
ISBN 978-3-17-021096-7
Praxiswissen Bildung

„Bildungsgerechtigkeit" ist zu einem Schlüsselbegriff der Bildungsdebatte in Deutschland geworden. Die Aufmerksamkeit konzentriert sich im Gefolge der Pisa-Studien auf die Unterschicht- und Migrationsproblematik. Aus dem Blick geraten sind dagegen die Fragen nach der Gerechtigkeit im Klassenzimmer, einem Urthema der Schulpädagogik, ebenso wie das Problem der Hochbegabung oder der behinderten Kinder in der Schule. Und die ebenso alte wie einfache Frage „Was ist Gerechtigkeit?" muss vor dem Hintergrund einer differenziert geführten internationalen Diskussion neu gestellt werden.

Prof. Dr. Peter J. Brenner lehrte bis 2009 an der Uni Köln und ist jetzt in der Wissenschaftsadministration tätig.

W. Kohlhammer GmbH · 70549 Stuttgart
Tel. 0711/7863-7280 · Fax 0711/7863-8430 · www.hohlhammer.de

Peter J. Brenner

Wie Schule funktioniert

Schüler, Lehrer, Eltern im Lernprozess

2009. 268 Seiten. Kart. € 24,80
ISBN 978-3-17-019519-6

Das Buch handelt von dem Beziehungsgeflecht von großer Politik und Schulalltag, von Statistik und Wirklichkeit, von großen Ansprüchen und kleinen Erfolgen, von eingängigen Slogans und widerstreitenden Interessen. Es will zeigen, wie trotz allem Schule für alle Beteiligten zum Lernprozess werden kann.

Prof. Dr. Peter J. Brenner lehrte bis 2009 an der Uni Köln und ist jetzt in der Wissenschaftsadministration tätig.

W. Kohlhammer GmbH · 70549 Stuttgart
Tel. 0711/7863 - 7280 · Fax 0711/7863 - 8430 · www.hohlhammer.de

Angela Enders
Vorschulerziehung
2010. 128 Seiten. Kart. € 14,80
ISBN 978-3-17-021097-4
Praxiswissen Bildung

Die Pisa-Diskussion hat die vorschulische Erziehung wieder ins Zentrum der öffentlichen Aufmerksamkeit gerückt. Erhofft wird eine Verbesserung des gesamten deutschen Bildungs- und Gesellschaftssystems. Aber die Probleme werden im Reformübereifer oft übersehen: Wie die vorschulische Erziehung organisiert und wie das Fachpersonal ausgebildet werden soll, ist keineswegs geklärt, und erst recht sind die Erziehungs- oder Bildungsziele der vorschulischen Einrichtungen Gegenstand heftiger Debatten. In dieser Situation mahnen historische Rückblicke und internationale Vergleiche zur Vorsicht.

Dr. Angela Enders hat eine Vertretungsprofessur für Grundschulpädagogik an der PH Schwäbisch-Gmünd.

W. Kohlhammer GmbH · 70549 Stuttgart
Tel. 0711/7863-7280 · Fax 0711/7863-8430 · www.hohlhammer.de